버지니아 울프라는 이름으로

● 일러두기

- 본문에서 옮긴이의 설명이 필요한 부분은 [-옮긴이]로 표기했다.
- 인명, 지명, 작품명 등 외래어 표기는 국립국어원 외래어표기법에 따랐다. '미스터', '미시스' 등
  필요한 경우 외래어를 한국어로 순화하지 않고 그대로 두었다.
- 본문에 전집이나 총서, 단행본 등은 《 》로, 개별 작품이나 편명 등은 〈 〉로 표기했다.
- 버지니아 울프의 작품명은 국내 번역 출간된 책 제목으로 표기했다.
- 버지니아 울프를 표기할 때, 원서에 나온 대로 버지니아 스티븐, 버지니아, 울프 등을 통일하지
  않고 그대로 두었다.

버지니아 울프라는 이름으로

알렉산드라 해리스 지음 | 김정아 옮김

위즈덤하우스

서문
울프가 남긴 삶의 궤적을 따라서

1907년의 버지니아 스티븐Virginia Stephen(버지니아 울프)은 스물다섯 살이었고 아직 출간작이 있는 소설가가 아니었다. 성패를 좌우하겠다는 비장함이 한 주 한 주의 삶과 한 편 한 편의 글에 깃들어 있었다. 자신이 결혼을 하고 가족을 꾸리게 될지 알 수 없던 시기였다. 자신이 나중에 천재로 밝혀질지, 아니면 그저 꽤 괜찮은 작가 정도로 끝날지도 전혀 알 수 없던 시기였다. 인생의 첫사랑이었던 바이올렛 디킨슨Violet Dickinson에게 편지를 쓰면서는 자신이 인생의 갈림길에 서 있다고 생각했다.

"불행해질지도 모르지만 행복해질지도 몰라요. 수다쟁이 감상주의자가 될지도 모르지만, 언젠가 책 속의 글자 하나하나를 활활 타오르게 만들 그런 작가가 될지도 몰라요."1

그로부터 4년 뒤까지도, 꿈은 이루어지지 않고 있었다. 언니 바네사 벨Vanessa Bell에게 쓴 편지에는 그때의 막막한 상황이 한마디로 요약되어 있다.

"스물아홉 살까지 결혼도 안 했지, 이룬 것도 없고, 자식도 없는데, 정신병까지 있고, 작가도 아니잖아."2

하지만 꿈을 포기하겠다는 편지는 아니었다. 버지니아는 바로 그 편지를 쓰면서 자신이 쓴 글자들이 활활 타오르는 것을 느낄 수 있었다. 태풍이 지나간 6월이었다. 버지니아가 성애로 불타고 있었다. 자신이 실패자라는 편지를 쓰면서도 자기 언어의 화염을 느낄 수 있었다.

"단어 하나하나가 모루 위의 편자처럼 뜨겁게 타오르고 있어."[3]

역사를 통틀어 가장 탁월한 작가 중 한 사람이 탄생하는 과정이었다. 지금 울프는 소설 외에도 에세이, 사회 비평, 회고록, 실험적 전기물, 눈부시고 감동적인 일기, 엄청난 분량의 편지로 명성을 누리는 작가다. 울프의 삶은 결단하고 분투하는 삶, 자신을 둘러싼 세상에 대한 지칠 줄 모르는 관심으로 점철된 삶이었다. 자신이 언젠가 소설가가 될 수 있을까를 의심하던 1907년부터 《막간Between the Acts》이 실패작이라고 확신하던 말년에 이르기까지 울프는 그 무엇도 당연하게 받아들이지 않았다. 절대로 똑같은 작업을 반복하지 않는 작가, 과거의 성공에 기대지 못하고 항상 새로 시작해야 하는 작가였다.

버지니아 울프는 타오르는 불의 이미지를 포함해서 낭만주의적인 면을 적잖이 드러내는 작가였다. 앞으로 쓰게 될 소설의 전체적 형상을 마치 환상처럼 볼 때도 있었다. 하지만 소설을 써나가는 일이 환상을 본다고 되는 일은 아니다. 소설을 써나가는 일은 한 시간 또 한 시간 매달려 있는 일, 쓴 글을 지우고 좌절하고 고쳐 쓰고 타자본 작업을 처음부터 새로 하는 일이다. 울프의 일기와 편지를 연대순으로 읽어나가다 보면, 이후의 전개를 잠시 잊고 울프가 때마다 새로 결단하는 모습에 새삼 감탄하게 된다. 계속 리치먼드에서 지낼 것인가 아니면 런던으로 돌아갈 것인가를 결단해야 할 때도 있었고, 빅토리아 색빌웨스트Victoria Sackville-West(비타Vita 색빌웨스트)를 인생의 한 부분으로 받아들일 것인가를 결단해야 할 때도 있었다. 프랑스 남부에 집을 산 뒤 그리로 거처를 옮기기 직전에 계획을 변경한 일도 있었다. 《세월 The years》을 쓸 때는 내내 즐거워하다가 완성을 앞두고 벽에 부딪혀서 악몽 같은 시간을 보내기도 했다. 책장을 더 뒤로 넘겨보면 신경쇠약에서 회복된 울프가 걸작을 써내는 데 성공하는 장면이 나오지만, 자칫하면 실패로 끝날 수 있었던 시간을 기억하는 상태에서 그 장면을 읽게 되면 울프의 놀라운 투지가 더 여실하게 느껴진다.

울프의 삶이 그리는 윤곽을 간략하게 소개하고 울프의 생각 속에 스며 있는 두드러진 패턴 몇 가지를 간략하게 정리하는 것이 이 작은 책의 숙제였다. 울프를 처음 만나는 독자들이 이 책을 첫 번째 기항지로 삼아준다면 좋겠고, 이 책을 읽은 독자들이 울프의 글을 더 읽고 싶어진다면 좋겠다. 울프의 글에 이미 익숙한 독자들도 이 책을 통해 신선한 아이디어(아니면 신선한 주제)를 떠올릴 수 있다면 좋겠다.

울프 전공자들의 학술연구는 점점 풍성해진다. 아카이브 분석, 특정 테마 연구, 역사적 맥락을 발굴하는 작업 등은 한 해 한 해 더 훌륭해진다. 하지만 현미경에게 그 역할이 있듯 망원경에게도 그 역할이 있다. 사방을 한 번에 둘러보는 경우에는 새로운 풍경이 눈에 더 잘 들어온다. 망원경 같은 글의 필자와 독자에게 요구

되는 것은 현미경 같은 글의 필자와 독자에게 요구되는 것과 그 종류는 다르지만 그 농도가 덜하지는 않다.

울프의 글을 읽는 독자는 읽을 때마다 다르게 읽게 된다. 울프의 표현을 빌리면, "강세의 위치"가 달라진다.[4] 이 책에서 정한 강세의 위치는 어디까지나 잠정적이다. 시간이 지나면 다르게 바꾸고 싶어질 것 같다. 이 책을 2010년에 썼다면 미술과 로저 프라이Roger Fry에 대한 내용을 더 많이 넣었을 것 같다. 2011년 초에 《등대로To the Lighthouse》를 다시 읽는 동안에는 이 소설의 종교적 도상학과 무신론에 대한 생각에 여념이 없었다. 하지만 울프의 소설을 하나하나 연속으로 읽어나가면서 《올랜도Orlando》의 신바람이 다른 모든 소설에도 스며 있음을 그 어느 때보다 똑똑히 느낄 수 있었다고 할까, 울프의 장난기와 판타지가 울프의 모든 소설에 도사리고 있는 가장 어두운 구석까지 스며들어가 있음을 분명히 확인할 수 있었다.

언젠가 울프는 비타의 "따뜻한 불빛, 달콤한 칭찬, 축제"가 그립다고 말했지만,[5] 나는 울프의 글을 읽어나가는 내내, 울프가 바로 울프 자신의 축제구나, 울프의 작품은 살아가는 일을 축하하는 성대한 잔치구나, 하는 생각이 들었다. 울프에게는 논쟁을 부르는 면이 많다고 할까, 반박하고 싶은 면이 많다. 하지만 울프의 글이 독자에게 더 자각적인 삶, 더 충만한 삶을 살고 싶다는 마음을 불러일으키는 것만은 틀림없다.

내가 허마이오니 리Hermione Lee의 《버지니아 울프》를 읽은 것은 십 대 후반에 《등대로》를 처음 읽은 직후였다. 그때 나에게는 문학이 무엇을 할 수 있는지를 알려준 책이자 영문학을 공부하는 계기가 되어준 책이었다. 내가 울프를 대하는 마음에 형태를 잡아주는 책인 것은 지금도 마찬가지다. 나의 짧은 전기가 허마이오니 리의 전기에 어떻게 빚지고 있는지는 일일이 열거할 수도 없을 정도다. 이 지면을 통해 깊은 감사를 전하면서, 함부로 갖다 쓴 부분이 너무 많지 않았기를 바랄 뿐이다. 울프에 대한 글을 펴내준 다른 많은 저자들에게도 감사를 전한다. 지금 내가 알고 있는 지식은 모두 그들에게 배웠다.

나의 글을 날카롭게 비평해준 라라 페이겔Lara Feigel과 펠리시티 제이미아Felicity Jamea, 나의 글을 믿어준 에이전트 캐럴 다우니Caroline Dawnay에게 뜨거운 감사를 전한다. 탬스앤허드슨 Thames&Hudson에서 이 책을 위해서 애써준 제이미 캠플링Jamie Camplin과 다른 모든 분들에게도 감사를 전한다. 특히 에디터 어맨다 비니컴Amanda Vinnicombe, 카피에디터 리처드 데이브Richard Dawes, 픽처에디터 메리제인 깁슨Mary-Jane Gibson, 〈찾아보기〉를 도와준 앤드류 브라운Andrew Brown에게 감사를 전한다. 아울러 저작권이 있는 작업을 인용할 수 있게 해준 모든 분들에게 큰 감사를 전한다.

마지막으로 로버트 해리스Robert Harris에게 한결같은 감사를, 학생이던 나를 처음 몽크스하우스에 데려가준 제인 루이스Jane Lewis에게 감사를, 리버풀 대학교에서 나의 수업에 들어와서 울프의 글을 예상보다 많이 읽어야 했던, 하지만 어느새 울프의 글을 혼자서 더 많이 읽고 싶어 하게 된 학생들에게 감사를 전한다.

—

    그때의 나는 누구였을까? 1882년 1월 25일에 레슬리Leslie
와 줄리아 프린셉 스티븐Julia Prinsep Stephen의 둘째 딸로 태어
난 아델라인 버지니아 스티븐. 유명하거나 그렇지 않은 수많은
조상의 후손으로 태어난 사람. 인맥이 넓은 집안에서 부유하지
는 않지만 번듯한 부모의 딸로 태어난 사람. 교통과 통신이 활
발하고, 글을 읽고 쓸 줄 알고, 편지를 쓰고, 찾아가서 만나고,
생각을 언어로 표현할 줄 아는 19세기 후반의 세상에 태어난
사람.

    _ 버지니아 울프, 〈과거의 스케치Sketch of the Past〉, 1939년 4월 18일

—
조지 베레스포드(George Beresford)가 찍은 스무 살의 버지니아 스티븐(1902).

1
빅토리아 시대에 태어나

하이드 파크 게이트의 아이들

버지니아 스티븐이 켄싱턴 '하이드 파크 게이트 22번지' 2층 부부 침실에서 태어났을 당시, 이 집에는 이미 꽤 많은 사람들이 살고 있었다. 모친 줄리아와 부친 레슬리에게는 각자의 첫 결혼에서 얻은 자식이 있었다. 그중 제럴드와 조지(줄리아가 허버트 덕워스와의 결혼에서 얻은 아들들)는 거의 집을 떠나 생활하는 기숙학교 학생이었지만, 그들이 집으로 돌아올 때마다 눈물 어린 환영 의식이 있었다.

버지니아가 태어날 때 열두 살이었던 스텔라(줄리아의 딸)는 집안의 고정 구성원이자, 스티븐 일가 아이들의 생활에서 중요한 인물이었다. 반면, 로라(레슬리의 딸)는 집안의 불가사의한 골칫거리였다고 할까, "멍한 눈빛"으로 헛소리를 늘어놓는 아이였다.[1] 레슬리는 로라 때문에 걱정스러워하면서도 로라의 문제가 무엇인지, 로라를 도와줄 방법이 무엇인지 알 수 없어했다.

버지니아는 위층 유아방에서 언니 바네사(1879년생), 오빠 토비(1880년생), 막내 에이드리언(1883년생)과 함께 지냈다. 이 정도 규모의 중간계급 가정은 하인을 둘 수밖에 없었다. 이 가정에는 소피 파렐이라는 오래 일한 요리사가 있었고, 일곱 명의 하녀가 있었다. 하녀용 침실은 다락층이었고 하녀용 거실은 어두운 지하층이었다.

저마다 요구가 있고 사정이 있는 이 모든 삶들이 좁은 주택 안에 욱여넣어졌다. 가족 중에 죽은 사람들의 편지와 정표와 추억이 살아 있는 사람들 옆에 계속 남아 있는 탓에 좁은 집은 더욱 좁게 느껴졌다. 버지니아가 태어나기 얼마 전에 죽은 '아델라인 이모'의 이름이 버지니아의 이름이 되었다(하지만 '아델라인'이라는 이름이 줄리아를 너무 슬프게 한 탓에 버지니아라는 이름만 남게 되었다). 레슬리와 줄리아의 결혼에서 행복의 토대는 각자 자신의 첫사랑에 대한 그리움을 간직하고 있다는 사실이었다. 둘 다 기억의 기술을 믿는 사람들이었다. 집 안 구석구석이 온갖 이야기로 가득했다.

버지니아에게 '하이드 파크 게이트'는 그만큼 답답한 곳, "그로테스크하고 코믹하고 비극적인 온갖 가정사들, 젊은 혈기와 반항과 절망과 황홀한 행복과 극도의 권태라는 격한 감정들이 들어차 있는 곳"이었다. 그저 회상하는 것만으로 숨이 턱턱 막힐 만큼, 물건 하나하나에 "감정이 엉겨 붙어 있는" 곳이었다.[2] "다량의 플러시 천, 조지 왓츠George Watts의 초상화들, 진홍색 벨벳에 안치된 흉상들"[3]로 대표되는 줄리아의 인테리어 취향 탓에 집 안의 어두움과 빽빽함은 더욱 답답하게 느껴졌다.

검은색 접이문들이 거실 공간을 세분하면서 집 안의 리듬을 만들어냈다. 접이문 이쪽은 위기 상황인데 접이문 저쪽은 즐거운 일요 모임인 상황도 있을 수 있었다. '은밀한' 칸에서 괴로운 대화를 끝내자마자 옆 칸으로 가서 손님들에게 번 빵을 곁들인 차를 대접해야 하는 상황도 있을 수 있었다.[4] 모든 일에 칸을 나누는 수고가 따랐지만, 이 칸과 저 칸의 공기가 서로 부딪히는 것은 어쩔 수 없었다.

칸은 나뉘어 있는데 공기는 섞이는 이 패턴은 울프의 소설에서도 계속 다시 등장한다. 예컨대 울프의 마지막 소설 《막간》에서는 공기가 "끓어오르고" 부딪히고 엎질러진다.[5] 울프가 자신의 어린 시절을 되살려내는 《파도 *The Waves*》에서는 아이들 하나하나의 강렬한 개인적 지각이 등장하기도 하지만("반지가 보여", "소리 들려", "진홍색 술장식이 보여"), 갑자기 타인들(자신만의 은밀한 감정을 가진 사람들)을 인식하게 됨으로써 개인의 의식에 구멍이 뚫리는 순간의 충격이 등장하기도 한다.[6] 자신이 아닌 삶, 자신이 모르는 삶이 있구나 하는 이 인식이 어린 아이였던 울프에게 거듭 충격을 안겨주었다. 누가 정원에서 청혼했더라는 이야기를 듣게 되는 순간일 수도 있었고, 남모를 슬픔이 깃들어 있는 듯한 엄마의 눈빛을 보게 되는 순간일 수도 있었다. 이웃의 병자를 간호하고 돌아오던 줄리아를 보게된 한순간을 울프는 평생 잊지 못했다.

"나는 한참 놀던 것을 멈추고 엄마에게 말을 걸려고 입을 열었다. 하지만 엄마는 우리에게서 반쯤 돌아서면서 두 눈을 내리깔았다."[7]

버지니아는 그 사람이 죽었다는 것을 느낄 수 있었다.

어머니의 강인함과 아버지의 박식함을 물려받다

버지니아 울프가 나중에 엄마의 선명한 이미지를 떠올려보려고 할 때마다 엄마는 이렇듯 돌아서는 모습이었지만, 하이드 파크 게이트의 모든 아이들에게 엄마는 생활의 중심이었다. 줄리아 스티븐은 우아하고 우수 어린 미인이었고, 라파엘전파Pre-Raphaelites 화가들의 뮤즈이기도 했다. 번 존스Burne Jones가 그린 〈수태고지The Annunciation〉에서 흰옷을 걸친 성모 마리아가 바로 줄리아였다(바네사를 임신한 1879년의 그림이었다). 줄리아 마거릿 캐머런Julia Margaret Cameron(줄리아 스티븐의 이모)이 촬영한 여러 인상적인 얼굴 사진의 모델이기도 했다(모델의 반쯤 감긴 눈과 높은 광대뼈와 움푹 꺼진 뺨에서 유령을 연상할 수 있었던 것은 사진 가장자리의 잉크 번짐 효과 덕분이었다).[8]

줄리아는 이렇듯 빅토리아 시대가 꿈꾸었던 신화적 피사체이기도 했지만 다른 한편으로는 대식구를 건사하고 병자들을 간호하는 근면하고 현실적인 여자, 도움이 필요한 병자를 보면 부자건 가난뱅이이건, 친척이건 생판 남이건 찾아가서 간호하는 일을 자신의 사명이라고 생각하는 여자였다. 줄리아가 레슬리와 약혼하면서 자신은 삶의 큰 부분을 자기 일에 바칠 것이라고 경고했던 이유였다. 하지만 줄리아는 즐기는 데도 소질이 있었다. 빅토리아 시대의 화가들이 성모 마리아의 즐거운 한때를 그리고 싶어 하지 않았을 뿐, 줄리아는 가정에서 수시로 흥겨운 행사를 주관하곤 했다. 어른이 된 버지니아는 호탕한 웃음소리로 친구들의 논평을 불러일으키는 경우가 많았는데, 모친의 걸걸한 웃음소리를 물려받았다는 것이 버지니아의 생각이었다.

—
줄리아 스티븐과 어린 버지니아 스티븐(1884).
〈과거의 스케치〉에 기록되어 있는 버지니아의 최초 기억 중 하나는 엄마와 함께 앉아 있던
기억이었다.
"검은색 바탕에 피어 있는 빨간색, 보라색 꽃들은 엄마의 드레스였다. 엄마는 기차 아니면
버스에 앉아 있었고, 나는 엄마의 무릎에 앉아 있었다."

어린 아이였던 버지니아는 항상 바쁜 사람이었던 줄리아를 "특수한 개인"이 아닌 "보편적 존재"로 의식했고,9 어른이 된 후에도 줄리아를 그런 존재로 의식하고 있었다고 할까, 줄리아라는 강인하고 복합적인 여자의 실체를 평생 이해하려고 애썼다. 《등대로》에서 미시스 램지는 전체 분위기를 조성하는 중심인물이지만, 미시스 램지의 실체를 이해하기는 어렵다. 초상화의 모델이 된 순간에도 미시스 램지는 이리저리 고개를 돌리면서 어린 아들과 손님들을 챙긴다. 릴리 브리스코에게는 미시스 램지를 그린다는 것이 매우 어려운 일이다.

줄리아가 집 안에서 가사를 돌보고 집 밖에서 지치도록 병자들을 간호하는 동안 레슬리 스티븐은 집 안 꼭대기에 있는 서재를 지켰다. 그가 이 서재에서 집필한 책들(문학비평, 철학, 역사, 전기)이 그를 19세기 문화의 주역으로 만들어주었다. 버지니아가 태어난 해에 그는 《콘힐 매거진 *The Cornhill Magazine*》 편집장직을 《영국인명사전 *The Dictionary of National Biography*》(영국 유명 인사들의 초대형 전기집)이라는 훨씬 큰 규모의 프로젝트와 맞바꾸었다. 한편으로는 600명이 넘는 필자들의 작업을 총괄해야 했고, 다른 한편으로는 348개 항목을 직접 연구, 집필해야 했다. 엄청난 부담이었다. 그는 불안에 사로잡히기도 했고, 밤에는 불면에 시달리기도 했다. 낮에는 서재에서 흘러나오는 큰 신음소리가 아이들에게까지 들리기도 했다. 가끔 나타나는 아빠는 심기가 불편하기 일쑤였다. 툭하면 19세기적 남성 천재 컬트를 들먹이면서 발작적 분노와 감격을 무마하려고 하는 아빠였다. 하지만 작업을 쉬는 날에는 아이들에게 큰 즐거움을 안겨주는 자상한 아빠이기도 했다. 정원에서 나비를 잡을 때 함께 어울려주기도 했고, 알프스 등반가로서의 역동적 경험을 들려주기도 했다. 책을 읽어주기도 했고, 아이들의 독후감에 귀를 기울여주기도 했다.

레슬리는 영리한 어린 딸 버지니아에게 자신의 두뇌는 "기껏해야 이류"라고 한탄했다.[10] 하지만 딸 버지니아에게는 아빠가 쓴 글들이 평생 경탄의 대상이었고, 성실한 지성에 기반한 자유사상가이자 자신의 생각을 당당하게 표명하는 무신론자 겸 이성주의자였던 아빠가 평생 존경의 대상이었다.

버지니아는 세상을 떠나기 직전까지 간헐적으로 아빠의 글을 읽음으로써 아빠와의 관계를 이어나갈 수 있었다. 레슬리는 책이라는 유산을 남긴 반면, 줄리아는 그런 구체적인 것을 아무것도 남기지 않았다.

그 사람은 누구였을까? 그 사람이 남긴 물리적 흔적이 거의 없다는 것은 별로 중요한 문제가 아닌 게 아닐까? 《등대로》에서 내내 던져지는 질문이다. 모든 것이 사라진 후에는 무엇이 남을까? 버지니아 울프에게 글을 쓴다는 것은 사라짐에 맞서는 저항이었다. 무언가를 글로 옮겨놓는다는 것은 그것을 사라지지 않게 하는 방법이었다.

버지니아는 아주 어렸을 때부터 글에 대해 그런 느낌을 품고 있었다. 어렸을 때도 상당량의 글을 쓴 것 같다. 열 살이던 1892년부터 월요일마다 바네사와 함께 부모에게 《하이드 파크 게이트 뉴스》라는 화보신문을 배달하기 시작했다(토비가 낄 때도 있었다). 이 신문에는 스티븐 일가 아이들의 승부욕 강하고 부지런한 삶이 기록되어 있다(이 신문의 선집이 출간되어 있다).[11] 각자의 필명과 역할이 정해져 있었고, 가정사를 둘러싼 격렬한 논쟁이 실리기도 했다. 방문했던 모든 손님들이 은밀한 평가와 놀림의 대상이 되는 것은 불가피한 일이었다.

아이들은 하루에 두 번씩 켄싱턴 가든으로 산책을 나갔다. 산책이 점점 따분해지는 것은 당연한 일이었지만, 버지니아는 항상 모든 것을 주의 깊게 관찰했다. '여왕의 문Queen's Gate'에는 견과와 구두끈을 파는 여자가 있었고, '꽃 산책로Flower Walk'에는 자잘한 요철 장식물이 있었다. 대개 기삿거리가 있었고, 없는 경우에는 버지니아가 소설을 썼다. 버지니아는 하고 싶은 말이 많은 아이였던 만큼, 버지니아가 쓰는 소설은 아주 긴 연재소설인 경우가 많았다.

《하이드 파크 게이트 뉴스》를 제작하는 이 야심찬 아이들은 커서 뭐가 될까? 줄리아 스티븐이 꿈꾸는 두 딸의 삶은 뛰어난 가정주부의 삶, 아내이자 엄마이자 조력자이자 간병인으로서의 삶이었다. 줄리아는 여자의 역할에 대해서 전통적 관념을 가지고 있었고 여성 참정권에 강하게 반대하는 입장이었다. 두 딸을 학교에 보낼 필요도 느끼지 않았다. 줄리아가 유독 보수적인 입장이었느냐 하면 그런 것은 아니었다. 1890년대에 여자 아이들이 학교에 다닌다는 것은 매우 예외적인 일이었다. 레슬리는 자기 아이들이 드문 예외에 속하는 것도 나쁘지 않다고 생각했을 것 같지만, 이 문제에서는 아내의 판단에 따랐다. 그 결과 토비와 에이드리언은

—
조지 와츠, 〈레슬리 스티븐 경〉, 1878.

레슬리가 줄리아에게 약혼 선물로 주려고 의뢰한 이 우울하고 위엄 있는 초상화는 하이드 파크 게이트에 감돌던 분위기의 일부였다.

집을 떠나 기숙학교로 갔고(나중에 케임브리지에 갔다), 바네사와 버지니아는 집에 남겨졌다.

부모는 딸들이 필요로 하는 가정교사와 학업동기를 제공하기 위해 지속적으로 막대한 노력을 쏟았다. 줄리아는 여러 일로 바쁜 와중에도 시간을 쪼개서 아이들을 앉혀놓고 수업을 이끌어주었다. 레슬리는 수학을 가르쳐주거나 고전을 소개해주거나 서재의 책들을 읽게 해주었다. 둘 다 원칙 있고 능력 있는 교육자였지만, 학교에서처럼 체계적이고 일관성 있는 교육을 제공해줄 수는 없었다. 동년배들과 어울릴 기회를 제공해줄 수도 없었다. 자매가 서로의 친구가 되었다.

버지니아는 자신이 작가가 되리라는 것을 처음부터 알고 있었던 것 같다. 자신이 화가가 되리라는 것을 알고 있었던 것은 바네사도 마찬가지였다.[12] 이렇듯 자매는 아주 일찍부터 영역을 나누고 각자 자기 분야에서 경쟁적으로 실력을 쌓아나갔다. 버지니아가 여러 해 동안 키에 맞지 않는 높은 책상을 고집하면서 선 자세로 글을 썼던 것은 자기가 하고 있는 일에 엄숙함과 진지함을 불어넣는 방법이자 이젤 앞에 서서 그림을 그리는 바네사와 동등해지는 방법이었다. 두 아이는 이렇게 선 자세로 4층 유아방에서 한시간 또 한 시간 글을 쓰고 그림을 그렸다. 두 아이에게는 성공하겠다는 확고한 각오가 있었다.

작은 낙원, 탤랜드 하우스

버지니아의 삶이 이렇듯 런던을 배경으로 펼쳐진 것은 1년 중 9개월이었다. 하지만 어른이 된 버지니아 울프가 어린 시절을 떠올릴때 가장 자주 등장하는 곳은 어느 바닷가 정원이다. 강렬한 감각을 경험할 수 있는 곳, 황혼 무렵이면 환청 같은 목소리가 들리는곳, 바깥 세계가 엿보이는 생울타리로 둘러싸인 곳이다.

"배[梨]를 닮은 에스칼로니아 잎 사이에 걸린 어선들은 그물에걸린 물고기들 같았다."[13]

그곳이 바로 버지니아 스티븐이 태어나서 열세 번의 여름을 보낸 세인트아이브스 '탤랜드 하우스Talland House'의 정원이다. 콘월도보 여행 중에 '탤랜드 하우스'(아름다운 격자 세공이 있고, 키 큰 창문들이있고, 바다 전망이 있는 집)를 발견한 레슬리는 곧바로 이 집을 가족 별장으로 임대했다. 물론 매년 그 먼 곳까지 세 아기와 온 살림을 옮긴다는 것이 보통 일은 아니었지만, 레슬리의 1884년 편지에는가족 별장을 마련한 아빠의 의기양양한 목소리가 들려온다. 꽃이피는 생울타리가 있고 '외진 모퉁이들'이 있고 '썰매를 타듯이 앉아서 내려갈 수 있는 높은 비탈'이 있는 마법 같은 장소, "작은 낙원" 같은 장소를 찾았다, "정원을 나와서 조금만 걸어 내려가면 아늑한 오목 해변"이 있는데 "지니아[버지니아의 애칭-옮긴이]도 걸어갈수 있는 거리"라는 편지였다.[14] 그 정원이 낙원이라는 아빠의 생각은 틀리지 않았다. 딸은 그 후 평생 동안 그 정원을 낙원으로 기억하면서 그 기억을 글로 옮겼다.

탤랜드 하우스는 버지니아 울프가 1939년에 자기의 "가장 중

요한 기억"이라고 말하기도 했던 한 기억의 배경이었다. 가장 중
요한 기억이라는 말은 다른 모든 기억들의 토대라는 뜻이었다.

> 세인트아이브스의 유아방에서 자다 깨다 하던 때의 기억.
> 파도가 부서져 하나 둘 하나 둘 해변으로 밀려오는 소리, 그
> 렇게 부서져 하나 둘 하나 둘 노란색 블라인드 뒤편까지 다가
> 오는 소리를 듣던 기억. 블라인드가 바람에 흔들리면서 블라
> 인드의 도토리 장식이 바닥에 끌리는 소리를 듣던 기억. 그렇
> 게 누워서 그렇게 들려오는 파도소리를 듣고 그렇게 새어 들
> 어오는 햇빛을 보면서, 내가 여기 있다니, 이런 일이 있을 수
> 있다니, 라는, 내가 상상할 수 있는 가장 순수한 형태의 환희
> 를 느끼던 기억.15

　안전하고 고요하게 여기 있으면서 거대한 바깥 세상을 예민하
게 의식하던 기억. 친숙한 주변세계가 일순간 거의 기적처럼 느껴
지던 기억. 이 장면의 리듬이 《파도》에서, 그리고 울프의 최고작들
에서 내내 들려온다. 곁에서 보면 아무 일도 일어나지 않는 것 같
다. 유아방 앞에서 이 장면을 관찰하는 누군가가 있었다고 해도,
이 장면의 중요성을 알아차리지는 못했을 것이다. 울프의 소설이
우리 삶의 구성 원리로 그려 보이는 그 묵시적인 장면들 가운데
하나다.
　세인트아이브스에서 8월에서 10월까지 이어지던 긴 여름휴가
는 이렇듯 은밀한 자극과 고독한 모험의 강렬한 순간들로 점철되

어 있었다. 안전한 테두리가 있었고, 흥미진진하고 겁나는 바깥 세상의 탐험이 있었다.

《제이콥의 방*Jacob's Room*》에는 어린 제이콥이 해변에서 혼자 길을 잃는 장면이 있는데, 그때 제이콥에게는 모든 것이 거대해 보인다. 두 개의 크고 붉은 얼굴이 제이콥을 빤히 올려다보고 있다. "제이콥은 두 개의 얼굴을 내려다보았다. 제이콥은 아주 조심스럽게 모래 통을 들고 신중하게 그 자리를 벗어났다. 처음에는 아주 태연한 종종걸음"이었지만, 곧이어 "더 빨리, 더 빨리" 안전한 곳으로 달음박질쳤다.16 《파도》에서는 버나드와 수잔이 "미개척지의 발견자들"이다.17 담장에 매달려 나무들 사이의 하얀 집을 엿보는 아이들. 경외감 속에서 영원히 남을 이미지를 챙긴 다음 공포감 속에서 허둥지둥 안전한 곳으로 피하는 아이들.

탤랜드 하우스의 정원은 인기 있는 장소였던 만큼 용도별로 구획되어 있었고, 용도를 정하는 원칙은 전원 합의였다. 사교를 위한 넓은 장소가 있는가 하면, 구석구석에는 낭만적인 장소도 있었다. 잔디밭에서의 주요 활동이었던 크리켓 경기는 어두운 생울타리를 배경으로 야광공이 보일락 말락 하는 늦은 시간까지 계속되곤 했다(버지니아가 유년기에 크리켓에 심취했던 것은 성인기에 론볼을 즐길 것이라는 예고였다). 손님맞이에도 특별한 장소가 있었다.

정원의 '전망대Lookout'는 높은 담장 너머를 내다볼 수 있는 잔디 언덕이었다. 거기서 신호기가 내려오는지를 보는 것이 우리 일이었다. 신호기가 내려온다는 것은 기차역으로 손님

세인트아이브스 시절 버지니아와 바네사 스티븐(1894).
탤런드 하우스의 정원에서는 크리켓 경기가 자주 있었는데, 버지니아는 특히 볼러로 두각
을 나타냈다. 나중에 버지니아와 레너드 울프가 자주 함께 즐긴 경기는 치열하게 승부를
가리는 론볼이었다.

을 마중 나가야 할 때라는 뜻이었다. 미스터 로웰, 미스터 깁스, 스틸먼 가족, 러싱턴 가족, 시먼즈 가족을 태운 기차가 오고 있었다.[18]

1894년에 탤랜드 하우스 앞에 호텔이 세워지면서 바다 전망이 가로막혔고, 스티븐 일가는 9월에 짐을 싸서 런던으로 돌아갔다. 그것이 탤랜드 하우스와의 영원한 작별이라는 것을 아직은 몰랐을 때였다. 그 가을에 줄리아가 류마티스열을 앓았다. 마흔여덟 살이라는 많지 않은 나이였지만, 그 마지막 한 해의 사진들 속에서 줄리아는 핼쑥하고 지친 모습이다. 병자를 간호하던 줄리아가 이제 병자가 되었다.

《등대로》의 내러티브는 텅 빈 별장을 좀처럼 떠나지 못한다. 뒤에 남은 물건들이 새어 들어오는 바람에 스친다. 망토 끝이 날리기도 하고, 아이의 모래 통이 구르기도 한다. 그러다가 문득 꺾쇠 괄호 속의 한 문장이 멀리서 일어난 일을 전해준다.

미스터 램지는 어느 어두운 아침에 어느 통로에서 비틀거리면서 두 팔을 벌렸지만, 전날 밤에 미시스 램지가 갑자기 죽는 일이 생긴 탓에, 두 팔을 벌리고 있어도 가슴에 안겨오는 것은 아무것도 없었다.[19]

아이들의 심경을 전해주는 문장은 없다.
줄리아 스티븐은 1895년 5월 5일에 세상을 떠났다. 빅토리아 시대의 장례식이라는 복잡한 루틴이 시작되었다.

"문이란 문은 모두 닫혀 있었다. 드나드는 사람들은 모두 발끝으로 걷고 있었다."[20]

홀에는 "악취"를 풍기는 꽃들이 쌓여 있었다. 스물여섯 살의 스텔라가 의연히 모든 일을 떠맡았다. 편지지는 검은 테두리를 두른 종이여야 했다. 레슬리는 어두컴컴한 거실에서 넋이 나간 듯 신음 소리를 내고 있었다.

버지니아는 자신이 그 시기에 느꼈던 것들을 어떻게 표현할 것인가를 평생에 걸쳐서 모색하게 된다. 1937년에 나온 소설 《세월》은 델리아(엄마를 여읜 딸)의 관점을 채택하게 된다. 델리아는 사람들이 침대 옆에서 경건히 무릎을 꿇는 모습을 보고 있다. 간병인들까지 눈물을 흘리고 있다.

> 델리아는 자기도 무릎을 꿇어야 하는 걸까 생각해보았다. 하지만 복도는 무릎을 꿇는 곳이 아닌 것 같았다. 고개를 돌려보았다. 복도 끝에 작은 창문이 있었다. 비가 내리고 있었고, 어디선가 흘러들어오는 빛이 빗방울들을 빛나게 하고 있었다. 한 방울 또 한 방울 유리창을 타고 흘러내렸다. 잠시 멈추기도 했다. 두 방울이 한 방울이 되어 함께 흘러내리기도 했다.[21]

기계적으로 새겨지는 무심한 인상들의 연속이다. 빗방울로부터 눈물을 연상하는 것이 불가능한 일이 아니지만, 중요한 것은 빗방울이 눈물이 아니라는 점이다. 그때 버지니아 스티븐에게 가장 괴로웠던 점은 느껴야 하는 감정을 느낄 수 없다는 것이었다. 목소리를 낮추었던 것은 다른 사람들과 마찬가지였지만, 그 모든 관례화된 공개적 애도의 안쪽에 담겨 있는 것은 밖으로 표출되어야 하는 슬픔이 아니라 슬픔보다 더 괴로울 수 있는 무감정이었다.

'나는 그때 했던 혼잣말을 지금껏 위기의 순간마다 되풀이해왔다. "아무 감정을 못 느끼겠어."'22

외적 기대와 내적 경험의 불일치를 어렴풋이 감지했다고 할까. 하지만 울프가 그 불일치를 언어로 표현할 수 있게 된 것은 그로부터 오랜 세월이 흐른 뒤 〈과거의 스케치〉를 쓸 때였다.

"우리는 위선자가 되어 슬픔의 관습에 갇혔다. (중략) 원치 않는 역할을 연기해야 했고, 이해하지 못한 대사를 기억해내야 했다."23

후일 울프는 소설을 통해서 그런 껍데기를 부술 방법을 모색해나간다. 그러면서 중요한 순간은 사회가 명하는 '이때'가 아니라 우리가 예상치 못했던 '그때'라는 것, 우리의 감정은 시간을 지키지도 않고 순서를 따르지도 않는다는 것을 역설한다. 무감정을 용납하기도 하고, 사건에 대한 반응이 이상하게 즉각적이지 않을 수 있음을 인정하기도 하며, 경험의 개인적 차이를 존중하기도 한다. 하지만 열세 살의 버지니아 스티븐은 갇힌 느낌, 짓눌린 느낌에서 벗어나지 못하고 있었다.

2
살고 싶은 아이

첫 번째 신경쇠약

버지니아 스티븐은 엄마를 여의고 몇 달 동안 극도의 불안과 동요에 시달렸다. 맥박이 너무 빨라지는 것을 걱정한 레슬리와 스텔라는 의사들에게 자문을 구했다. 모든 교습을 의사들의 처방대로 중단하고 휴식을 취하게 했지만, 안정되기는커녕 긴장은 점점 더해가기만 했다. 버지니아 울프가 이 1895~96년의 에피소드를 가리켜 자신의 첫 번째 "신경쇠약" 기간이었다고 회고하는 것은 먼 훗날(여러 번 큰 병을 앓았던 인생의 말년)이었다.[1] 이 병명이 무엇을 의미하는지를 재정의해주는 것은 버지니아 울프의 작품이다.

울프가 그 2년을 회고하면서 가장 강조한 측면은 쓰지는 않고 읽기만 한 시기였다는 것이었다.

"글을 쓰고 싶은 욕망, 지금껏 나를 사로잡고 있는 그 욕망이 그 2년 사이에는 생기지 않았다."[2]

글을 쓰지 못한 시기는 그 후에도 몇 번 더 있었다. 울프의 막힘 없고 놀라울만큼 기운찬 일기(세상과 마주친 상상력의 경쾌한 반응)가 그렇게 몇 달씩 나오지 않았던 이유는 글을 쓰고 싶은 욕망을 잃었기 때문, 아니면 글을 쓰지 말라는 처방 때문이었다. 이렇듯 울프가 신경쇠약을 앓던 시기에 글을 거의 쓰지 않은 만큼, 울프가 그런 시기에 무엇을 경험했는지를 알려면 다른 사람들에게 전해들거나 울프의 소설이 정신병을 다루는 방식을 참고해야 한다.

울프의 증상들은(전부는 아니어도 다수) 조울병(최근에 생긴 다른 병명은 양극성 장애)의 증상들이었다.3 황홀함을 안겨주는 생생한 지각, 수시로 변하는 불가항력적인 감정, 신상이 노출되는 것에 대한 극도의 공포, 신경과민성 피로 같은 것들도 있었다. 울프가 살아갈 삶의 한 부분(경계와 분석의 대상이자 어두운 흥미의 대상이자 혐오와 투쟁의 대상)으로 자리 잡게 되는 병이었다. 지금은 수백 만 명이 기분안정제를 복용함으로써 흥분과 우울의 정도를 제한할 수 있게 되었지만, 1896년만 해도 가능한 처방은 휴식과 진정제(증상을 오히려 악화시킬 가능성이 컸던 처방)뿐이었다. 회복되지 않을 경우에는 무시무시한 일들이 기다리고 있었다. 이복자매였던 로라는 거의 평생 동안 미확진 상태로 요양원을 전전해야 했다. 정신병은 아주 가까운 곳에 있는 무시무시한 병이었다. 그런 일을 겪고 싶지 않았던 버지니아 스티븐은 살기 위해 발버둥쳤다.

회복의 신호 중 하나는 열다섯 살 생일을 앞둔 1897년 새해에 일기를 쓰기 시작한 것이었다. 그해의 버지니아는 유년기를 통틀어 가장 상세한 일기를 남겼다. 그해의 일기에는 하이드 파크 게이트의 일상적 재미와 일상적 시련이 거의 하루 단위로 펼쳐져 있다.

"네사[바네사의 애칭-옮긴이]는 그림 그리러 갔다."

버지니아의 일기에 제일 많이 나오는 문장이다. 바네사가 미술학교 오전 수업에 가면 버지니아는 항상 이 문장으로 시작되는 일기를 썼다. 버지니아는 그렇게 혼자 남겨진 시간에 언니의 부재를 배경으로 자기 삶을 기록해나갔다. 오빠와 남동생은 집을 떠나 학교에 다니고 있었고, 버지니아는 집에 남은 아이였다. 하지만 버지니아에게도 할 일이 있었다.

교습 금지 조치가 풀리면서 그리스어 개인 교습을 받기도 했고, 오전 10시부터 오후 1시까지는 아빠의 서재에서 빌려온 책을 읽기도 했다. 딸을 자기 같은 역사학자 겸 전기작가로 만들겠다는 의도가 있었던 레슬리는 독서 목록을 제임스 프루드James Froude, 로즈 매콜리Rose Macaulay, 토머스 칼라일Thomas Carlyle로 채웠다. 그 모든 책을 맹렬한 속도로 읽은 버지니아는 날마다 아빠에게 새 책을 빌리러 갔다. 그만 돌아가서 전날 읽은 책을 천천히 다시 읽으라는 말을 듣는 날도 있었다.

오후 시간에는 스텔라 아니면 바네사와 함께 런던 이곳저곳으로 심부름 아니면 산책을 나갔다. ABC 찻집에 들러 번 빵을 곁들인 차를 마시기도 했다. 이런 산책과 심부름과 소소한 행복이 1890년대 중상계급의 유년기였다. 하지만 버지니아 스티븐은 틈나는 대로 책을 읽었다. 식전 10시~1시에 읽는 책이 따로 있었고, "저녁 먹을 때나 쉴 때 읽는 책"이 따로 있었다. 머리를 빗을 때 읽는 책까지 따로 있었다.4 밤에 침대에서 책을 읽는 것은 엄격히 금지되어 있었지만, 버지니아는 밤마다 책을 밀반입했다. 절대 들

—
휴일의 에이드리언 스티븐과 버지니아 스티븐(1900년, 프리텀).

두 사람은 항상 불편한 관계였는데, 두 사람 사이의 편지가 모두 소실된 탓에 그 관계를 해석하기는 어려워졌다. 한 집에 살아야 했던 20대에는 서로에게 짜증과 실망을 느끼는 사이였고, 울프는 동생이 툭 하면 상처 받는 것을 딱하게 여겼다. 울프가 동생을 보면서 이제 좀 어른이 됐다고 느낀 것은 동생이 40대에 정신분석자로 자리 잡은 이후였다.

켜서는 안 될 "야간 불법 독서"였다. 발자국 소리가 들리면 읽던 책을 얼른 감춰야 했다.[5] 이런 비밀스러움이 책의 매력 중 하나였다.

물론 책에는 다른 매력도 있었다. 버지니아는 책의 감각(책의 장정, 책의 서체)을 사랑했다. 책 속에서는 완전히 새로운 감각적 모험이 시작되었다. 버지니아에게 독서는 이렇듯 지극히 사적인 열정이었지만, 책에 대한 사랑이 다른 사람들에 대한 사랑의 한 부분인 경우도 있었다. 생일에 레슬리에게 열 권짜리 《월터 스콧의 일생 *Life of Walter Scott*》을 선물받은 버지니아가 책의 아름다움에 열광한 것에 못지않게 선물의 의미(아빠가 자기를 존중한다는 것)에 열광한 것은 그 때문이었다. 마지막으로 버지니아에게 독서는 거의 실용적인 의미에서 말 그대로 생존의 수단이기도 했다. 버지니아는 "흥분," "초조", 감정기복(조울병의 증상들)이 느껴질 때마다 독서를 기분안정제의 용도로 사용하는 방법을 익혔다.[6] 그 힘들었던 시기에는 다른 방법이 없었다.

"산다는 것은 힘든 사업이다"

1897년 4월, 스텔라는 자신을 오랫동안 연모해온 잭 힐스와 결혼했다. 레슬리에게 스텔라가 결혼해서 떠난다는 사실은 청천벽력이나 마찬가지였다(스텔라가 없는 집은 무너질 수밖에 없으리라는 레슬리의 생각이 틀린 생각은 아니었다). 결혼 이후에도 계속 스티븐 일가의 아이들의 버팀목이 되어줄 방법을 찾던 스텔라는 몇 집 건너 아주 가까운 곳에 새 집을 구했다. 하지만 이 방법(세심한 타협의 결과이자 스텔라에게 지나친 부담을 떠안기는 조치)으로도 스티븐 일가의 파국을 막지는 못했다. 신혼여행 중에 큰 병에 걸려 돌아온 스텔라는 불과 석 달 만에 세상을 떠났다. 아이들은 또 한 번 엄마를 잃은 셈이었고, 레슬리는 또 한 번 여자의 손길을 잃었다(레슬리는 옆에서 도와주고 믿어주는 여자가 없으면 걷잡을 수 없이 무력해지는 남자였던 것 같다).

버지니아는 그 와중에도 열심히 일기를 썼지만, 자신의 불행을 쏟아내고 싶어 하지는 않았다. 대신 자신을 둘러싼 세계를 명석하면서도 독선적으로 묘사해나갔다. 버지니아에게는 그것이 삶의 외양을 무너뜨리지 않는 방법이었다. 산책, 나들이, 번 빵을 곁들인 차 같은 것들로 이루어진 단조로운 일상이었지만, 버지니아는 그 일상을 글로 옮겨놓음으로써 "꾸역꾸역" 나아갈 수 있었다.[7]

10월의 한 일기에는 이런 말이 있다.

"산다는 것은 힘든 사업이다. 코뿔소 가죽 같은 피부가 필요한데, 아직 못 얻었다."[8]

그런 억센 피부를 가지고 싶은 소망은 죽을 때까지 남아 있었다. "깃털이 코뿔소를 간지럽힐 수 없듯" 서평 따위가 자신을 건드릴 수 없다고 말한 때는 《세월》이 출간된 1937년의 흐뭇했던 한 순간이었다. 자신의 피부가 민감한 피부(한없이 가벼운 깃털에도 간지럽혀지는 피부, 자극에 취약한 피부)라고 느끼는 경우가 훨씬 더 많았다.[9]

스텔라의 죽음에서 비롯된 최악의 결과 중 하나는 당시 30대 초반이었던 스텔라의 오빠 조지 덕워스가 가장家長 행세를 시작한 것이었다. 이복 여동생들에게 도리를 다할 생각이었는지 버지니아와 바네사를 데리고 나가서 사람들에게 자랑하기도 하고, 선물을 사주기도 하고, 오빠의 사랑을 연극적으로 과시하기도 했다. 하지만 이복여동생들의 남매애는 그 정도까지는 아니었다. 버지니아는 이복오빠에게 약간의 동기애를 느꼈지만('착한 조지이dearest Georgie[조지의 애칭-옮긴이]'와 유년기를 함께 보냈던 버지니아는 1934년에 조지가 세상을 떠났을 때 유년기의 '따뜻한 불빛'도 떠났다고 느끼기도 했다), 경멸의 감정을 느끼기도 했다.[10] 버지니아와 바네사는 조지의 멍청함을 혐오했고, 자신들에게 중요한 것이 무엇인지도 모르는 멍청한 야심가가 자신들 위에 군림하는 것을 매우 부당한 일로 받아들였다. 조지는 버지니아의 사랑을 얻고자 애썼지만, 조지가 "사랑"이라고 생각한 감정은 얼마 안 가 통제 불능 상태에 빠졌다.

또 한 명의 이복 오빠였던 제럴드가 버지니아의 몸을 함부로 만졌던 것은 버지니아가 여섯 살, 아니면 일곱 살 때였다.

"화가 났다고 할까, 징그러웠다고 할까, 그렇게 말문이 막히고 착잡한 느낌을 표현할 수 있는 말은 무엇일까?"[11]

버지니아는 자기를 평생 따라다녔던 자신의 몸에 대한 수치심을 이때의 경험과 연결시켰다(버지니아는 아름다운 외모에도 불구하고 항상 거울 앞에서 불안해하고 옷을 어색해하는 사람이었다). 조지가 1897년부터 1904년 사이에 저지른 짓은 앞서 제럴드가 저지른 짓보다 훨씬 지속적이었다. 하지만 어떤 형태로 얼마나 자주 성폭행이 저질러졌는지는 알 수 없다. 그때 그 사건이 버지니아의 삶과 작품에 어느 정도까지 영향을 미쳤는지는 더더욱 알 수 없다(이 주제로 상당한 저술이 나와 있는 것은 사실이다).[12] 버지니아 스스로 나중에 여러 번에 걸쳐 들려준 이야기들(1908년과 1939년에 나온 자전적 스케치, 두세 통의 편지, 1920년대에 블룸스버리Bloomsbury 그룹의 '비망 클럽Memoir Club'에서 흥미용으로 발표한 두 편의 원고)이 우리가 그때 그 사건에 대해 아는 전부다. 성 문제에 대한 솔직함은 이른바 '블룸스버리'의 자랑거리였지만, 그때 조지가 버지니아의 침실에 몰래 숨어 들어와서 불을 켜지 못하게 하면서 무슨 짓을 저질렀는지에 대한 명확한 설명은 두 편의 비망 클럽 원고 그 어디에도 없다.

버지니아의 글에는 조지의 성욕에 대한 이야기보다 조지의 멍청함에 대한 이야기가 훨씬 많다. 버지니아에게 육체를 침해당한다는 것은 정신을 손상당할지도 모른다는 공포와 연결되어 있었다. 버지니아가 조지에 대한 공포를 이기는 방법은 조지를 하찮게 만드는 것, 바네사와의 대화 속에서 조지를 한심한 웃음거리로 만드는 것이었다. 1908년에 쓴 글에서는 조지를 가리켜 '동물적 활력'은 있으나 그것을 통제할 정도의 머리는 없는 남자라고 말하기도 했다.

"더 똑똑한 사람이었다면 폭군적인 짓이라고 칭했을 짓을 조지는 거리낌 없이 저질렀다. 그런 짐승 같은 짓을 저지르면서도 자신의 사랑이 순수하다고 믿고 있었다."[13]

1921년에 비망 클럽에서 발표한 원고의 끝부분에서는 매우 자극적인 팡파레가 울리기도 한다.

"조지 덕워스가 불쌍한 이복 여동생들에게 아빠와 엄마, 오빠와 언니가 되어준다고 칭찬하시던 켄싱턴과 벨그라비아의 노부인들께서 까맣게 모르고 계셨던 한 가지 사실은 그자가 부모가 되어주고 형제가 되어주는 데서 한 발 더 나아가 애인이 되어주었다는 것이었습니다."14

울프는 이 대목을 어떤 어조로 낭독했을까? 원고 전체가 조지의 속물근성과 가소로움을 폭로하는 코믹한 내용이었던 만큼, 울프는 관객이 이 드라마틱한 결말을 듣고 깔깔 웃어주기를 바라지 않았을까? 이렇듯 과거의 사건을 남들에게(그리고 자기 자신에게) 들려줄 때 사용할 수 있는 다양한 어조를 익혀나가면서, 울프는 관객의 반응과 함께 자기 자신의 반응을 시험해보고 있었다.

울프에게 그 어두운 치욕은 언제나 공개적 치욕(조지의 손에 이끌려 조지의 숭배 대상인 사교계에 출입하던 시기에 느꼈던 치욕)과 연결되어 있었다. 조지가 버지니아를 끌고 다니기 시작한 것은 조지에게 의지해야 하는 저녁 모임들에 질린 바네사가 버티기 시작한 뒤였다. 버지니아가 둘러본 사교계는 무도회와 만찬 행사가 벌어지는 곳, 여기저기에서 티아라와 작위가 반짝이는 곳, 후기 빅토리아 시대의 귀족계급이 소유한 막대한 부가 전시되는 곳이었다. 버지니아의 얼굴은 사교계에 어울렸지만, 버지니아의 화법은 그렇지 않았다. 사교계에 어울리는 화법은 묻는 질문에 짧고 예쁘게 대답하는 것이었지만 울프는 플라톤Platon에 대한 이야기를 해버렸다. 그러고는 자기가 규범을 어겼음을 깨닫고, 얼굴을 붉히고, 말을 끊고, 좌절했다. 울프는 자신이 이런 저녁 모임에서 가벼운 한담을 나눌 줄 모르는 사람이었다고 말하지만, 자기에게 주어진 배역을 영리하고 침착하게 연기하지 못했을 사람은 아니다.15 연기할 마음만 있었다면 사교계의 주인공이 될 수도 있었을 것이다. 하지만 울프에게는 연기할 마음이 없었다.

30년 후에는 상황이 역전되었다고 할까, 시빌 콜팩스Sibyl Colefax를 비롯한 사교계의 파티 주최자들이 울프라는 저명한 작가를 앞다투어 손님으로 모시려고 했고, 그때마다 울프는 비싸게 굴었다. 자신의 능력으로 초대 받은 파티에서 자기 방식대로 주인공이 되는 일은 곤혹스럽게 조지에게 끌려 다녔던 과거의 기분 좋은 속편이었다.

이런 파티에서 시간을 낭비해야 하는 것에 불만을 드러내고는 했지만, 그러면서도 항상 어떤 매력적인 면을 발견했다. 강한 호기심 속에서 파티의 의례를 기록하기도 했고, 피상성이라는 핵심을 파악하기도 했다. 파티에 온 사람들은 자기가 입고 있는 하늘하늘한 비단옷에 어울리게 행동한다는 점을 포착한 것은 일찍이 스물두 살 때였다.

"많은 사람들이 두세 시간 동안 서로에게 자기의 하늘하늘한 면만 보여줄 작정이었다."16

이 고집스러운 일관성 속에 파티의 심오한 의미가 숨어 있다는 것이 울프의 생각이었다. 《댈러웨이 부인Mrs. Dalloway》(사교계 여성이 되기를 거부한 버지니아 울프가 사교계 여성으로 살아가는 클라리사에게 경의를 표하는 소설)에서 클라리사도 같은 생각이었다.

"다른 식으로는 꺼낼 수 없었을 이야기, 애쓰지 않으면 꺼낼 수 없었던 이야기를 나눌 수 있었다고 할까, 한층 깊은 이야기를 나눌 수 있었다."17

울프는 파티를 일종의 예술작품으로 보았다. 울프가 창조하고자 하는 예술작품은 따로 있었지만, 울프는 셉티머스 워렌스미스라는 등장인물을 통해 옛날에 느꼈던 끔찍한 느낌(조지에게 끌려갔던 파티에서 느꼈던, 구경거리가 된 느낌, 아무것도 할 수 없는 약자라는 느낌)을 다시 떠올리면서도 클라리사의 파티 예술을 인정하는 데는 인색하지 않았다.

나방, 날개를 펴다

줄리아가 죽기 전은 완벽한 행복의 시기였고 줄리아가 죽은 후는 완전한 불행의 시기였다는 게 버지니아가 기억하는 그 시기의 전반적 패턴이었지만, 그 패턴에 들어맞지 않는 일들도 많았다. 예컨대 울프는 1897~1904년(15세부터 22세까지의 청소년기)을 "7년간의 불행기"로 기억했지만, 그 시기에도 즐거운 일들이었다.[18] 바네사와 친해지면서 서로를 이해하게 된 덕분에 가정생활을 웬만큼 견딜 수 있게 된 것이 그 시기였고, 친구들이 생긴 것도 그 시기였다.

너그럽고 다양하고 뜨거운 우정의 이야기는 울프의 삶을 형성하는 큰 줄기 중 하나인데, 이 시기에 여자들과 진지한 관계를 맺은 것이 그 이야기의 시작이었다. 사촌이었던 엠마Emma와 매지 본Madge Vaughan, 가정교사였던 재닛 케이스Janet Case가 버지니아에게 준 사랑은 버지니아가 간절히 받고 싶어 했던 선물이었고, 버지니아가 그들에게 돌려준 넘치는 사랑도 버지니아가 간절히 주고 싶어 했던 선물이었다.

가족 휴가도 계속되었다. 레슬리는 줄리아가 죽은 뒤로 세인트아이브스를 다시 찾아갈 엄두를 내지 못했지만(미스터 램지는 별장으로 돌아가 연기되었던 등대 여행을 감행하지만 레슬리는 그럴 엄두를 내지 못했으니, 등대 여행이라는 보상행위는 버지니아 울프의 상상일 수밖에 없었다), 여름에 시골별장을 빌려 휴가를 보내는 연례일정은 계속되었다. 휴가지 중에서 탤랜드 하우스만큼 버지니아의 상상력을 사로잡은 곳은 없었지만, 선명한 감각의 기억을 남긴 곳이 없지는 않았다.

스티븐 일가의 '곤충학회(회장은 레슬리 스티븐, 사무장은 버지니아 스티븐)'에게는 아직 야간 나방 채집의 사명이 남아 있었고, 버지니아에게는 아직 야간 나방 채집의 감동(햇불을 밝힌 정원의 마력, 나무에 시럽을 바르는 준비 절차, 순간적으로 불빛을 받은 나방들의 아름다움)이 남아 있었다. 붉은뒷날개나방 한 마리가 손전등 불빛을 받은 것은 1899년 여름 어느 날 밤에 케임브리지셔 워보이스에서였다. 버지니아가 그 나방을 붙잡기 위해서 사용한 도구는 시럽, 그리고 일기장이었다.

거대한 나방이 희미한 불빛 앞에 그 모습을 드러냈다. 잔뜩 취한 듯 날개가 활짝 펼쳐져 있어, 뒷날개의 화려한 진홍색까지 똑똑히 보였다. 두 눈은 빨갛게 불타고 있었고, 주둥이는 끈적끈적하게 흘러내리는 시럽에 빨대처럼 꽂혀 있었다. 우리는 잠시 그 화려한 모습을 구경하다가 유리병의 코르크마개를 열었다.[19]

버지니아는 혼자 또는 여럿이서 장거리 자전거, 겨울 스케이트, 도보여행 등을 즐기면서 강한 체력으로 유명했던 알프스 등반가 레슬리 스티븐의 딸임을 입증해보이고 있었다. 긴장감이 도는 '불

—
이탈리아, 그리스 여행을 떠나기 직전 조지 베레스포드가 찍은 토비 스티븐(1906).
토비는 버지니아의 오빠이자 동맹군이자 의지할 수 있는 친구였고, 토비의 케임브리지 친구들은 버지니아의 친구들이 되었다. 토비의 모습이 훗날 동생 버지니아의 여러 소설에서 어른거리게 된다.

행기'였지만, 버지니아가 켄싱턴 스퀘어를 성큼성큼 가로질러 그리스어 교습을 받으러 가는 모습이나 손님으로 다녀간 어느 고관을 짓궂게 묘사하는 18세기풍 촌극을 집필하는 모습을 종종 볼 수 있었다. 버지니아는 어떤 유식한 교수나 어떤 저명한 작가와 마주치더라도 자신의 입장을 고수할 수 있을 만한 교육 일정표를 짜서 날마다 스스로에게 지키게 하고 있었다.

토비가 집에 와 있을 때는 남매가 함께 문학을 이야기할 수 있었고 버지니아는 그때 너무나 즐거워했지만 토비는 금방 다시 떠나고는 했다. 버지니아는 윌리엄 셰익스피어William Shakespeare, 크리스토퍼 말로Christopher Marlowe, 소포클레스Sophocles에 대한 토비의 생각을 듣고 싶어 했고, 토비에게 더 좋은 생각으로 토비를 이기고 싶어 했지만, 좀처럼 기회가 생기지 않았다.

"이런, 이런, 내가 기껏 이런 이야기를 들려주고 싶은 기분인데, 당신은 케임브리지로 가서 돌아올 생각을 안 하네."[20]

독학은 토비 없이 계속되었다. 스무 살의 버지니아는 한편으로는 그리스 시대의 드라마, 르네상스 시대의 여행기, 18세기 산문에 심취해 있었고, 한편으로는 킹스 칼리지 여학생 학부King's College Women's Department에서 최대한 많은 강의를 듣고 있었다.

울프가 어른이 된 후에 쓴 거의 모든 글의 토대에는 울프가 학교에 다닌 적이 없다는 근본적 사실이 자리 잡고 있다. 울프는 '아웃사이더'라는 정체성을 통해 비정통이라는 관점을 자원으로 활용할 수 있었고, 그러면서 '일반 독자' 편에 서서 학계의 거창함과 배타성을 공격할 수 있었다. 울프의 에세이들은 체계적 분석에 어울리기보다 허물없는 대화에 어울리는 문체로 되어 있고, 주제를 직접 공략하기보다 주제의 주변을 "배회"하는 형식으로 되어 있다. 문학 비평가 울프는 책에 담긴 딱딱한 사실을 논하는 학자라기보다는 책의 감동과 맛과 촉감을 전해주는 에세이스트다. [21]

이 자유롭고 독창적인 목소리가 발전하는 데는 시간이 걸렸고 자신감도 필요했다. 우선은 습작이 필요했다. "화가가 부분 습작으로 스케치북을 채워나가듯,"[22] 버지니아 스티븐은 구름 연구와 사람 얼굴, 건물 풍경, 파티 장면으로 공책을 채워나갔다. 그러면서 그것들을 다 읽어주고 그것들을 써낸 자신을 사랑해줄 누군가를 간절히 원했다. 그럴 때 나타난 사람이 바이올렛 디킨슨이었다. 친절하고, 지적이고, 집안이 좋고, 키가 크고(6피트 2인치), 두루 사랑받는 행복한 독신 여성이었고, 버지니아보다 열일곱 살 연상이었다.

하이드 파크 게이트에 손님으로 온 바이올렛은 스티븐 일가의 자매들에게 의지할 수 있는 연상의 여자가 필요하다는 것을 알아차렸지만, 유독 버지니아와만 연락을 주고받기 시작했다. 두 사람은 자신들이 의미 있는 관계를 맺고 있다는 것을 의식하면서 그 관계를 여자들 사이에서 흔히 볼 수 있는 친밀한 우정 이상의 관계, 연애에 가까운 관계로 발전시켰다.

버지니아가 바이올렛을 밀어내는 시기도 있었지만("나는 깊은 관계의 친구한테 편지 쓰는 법을 몰라요")[23], 그 시기가 오래가지는 않았다. 버지니아가 바이올렛에게 보낸 1902~03년의 편지들은 관능으로 살아 숨 쉬고 있었다. 편지에 동봉된 버지니아의 최근 작업 한 부분이 연애편지의 한 부분이 되는 경우도 많았다. 부비고 껴안는 등의 성애적 어휘를 구사하기 위해 각종 동물 캐릭터를 참조했던 것은 이후에 맺게 될 모든 깊은 관계들과 마찬가지였다. 바이올렛의 편지로 뜨거워진 버지니아는 더 뜨거워질 것을 요구하는 답장으로 보내고 있었다.

아버지의 죽음

이 시기의 버지니아 스티븐에게 또 하나의 중요한 관계는 아빠와의 관계였다. 아빠에 대한 버지니아의 감정은 매우 강력하면서도 서로 모순적이었다. 딸의 지적 능력을 알아봐주고 딸의 작가로서의 미래를 진지하게 신뢰해준 것이 아빠 레슬리였다. 하지만 줄리아를 잃은 뒤로 레슬리는 줄곧 자기 슬픔에 처박혀 멋대로 분노를 폭발시키면서 하이드 파크 게이트를 새장 같은 폐소공포의 공간으로 만들고 있었다. 청각을 잃은 뒤로는 외로움과 억울함을 더 쓰라리게 느끼고 있었다.

레슬리의 심정이 어떠했는지는 이 시기에 집필된 회고록에서 어느 정도 감지된다.[24] 자책, 자기정당화, 죽은 두 아내의 우상화 작업이 복잡하게 섞인 책이었다. 자녀들에게 유산을 물려준다는 생각으로 쓴 책이었지만, 이 엄청난 무게의 슬픔과 죄의식을 가보로 간직하고 싶어 할 자식은 거의 없지 않을까 싶다. 《마우솔레움 북*Mausoleum Book*》은 레슬리의 자식들이 이 책에 농담처럼 붙인 제목이었다. 레슬리는 1902년에 암 진단을 받았고, 죽기까지 시간

—
조지 베레스포드가 찍은 버지니아와 레슬리 스티븐(1902년 12월).

버지니아는 아빠가 세상을 떠나는 순간까지 아빠를 사랑하고 존경하면서 아빠와 싸웠다. 그리고 자신이 세상을 떠나는 순간까지 아빠의 글을 다시 읽기도 하고 아빠에 대한 글을 다시 쓰기도 했다.

을 끌었다. 영원히 끝나지 않을 것 같은 시간이었다.

레슬리 스티븐이 1904년 2월에 세상을 떠나면서 그 시간도 결국 끝났다. 바네사는 안도의 한숨을 내쉬었다. 나중에는 버지니아도 아빠가 오래 살지 않은 것이 천만다행이었다고 했다.

"아빠의 삶이 내 삶을 망쳤을 것이다. 내 삶은 어땠을까? 글을 쓸 수도 없었겠고, 책을 낼 수도 없었겠고⋯⋯. 상상이 안 된다."25

레슬리의 죽음은 버지니아가 자기만의 삶을 사는 데 필요한 조건이었지만, 당시에는 버지니아를 죽음 직전까지 몰아간 충격적 사건이었다. 버지니아는 4월부터 9월까지 위독한 상태였다. 런던을 떠나라는 처방을 받은 버지니아는 바이올렛과 가까운 곳에서 살기 위해 허트포드셔 웰윈으로 갔고, 거기서 한 번 이상 자살을 기도했다. 바네사는 레슬리의 죽음이 전혀 슬프지 않은 듯 삶에 대한 열정을 드러냄으로써 버지니아의 격렬한 분노를 사기도 했다.

버지니아가 안정을 되찾은 방법은 아빠를 잊는 것이 아니라 아빠에 대해서 열심히 생각하는 것이었다. 역사가 프레더릭 메이틀랜드Frederic Maitland가 레슬리 전기의 리서치 작업을 도와달라고 요청해왔을 때, 버지니아는 케임브리지로 가서 가을 내내 수백 통에 이르는 가족 편지들을 읽고 필사했다. 전기의 각주 한 개를 작성하느라 몇 주 동안 고심하기도 했다.26 과거를 언어로 표현하는 것이 과거에서 놓여나는 확실하고 효과적인 방법이라면, 버지니아는 이 시기에 이미 그 방법을 시험해보고 있었다.

한편 런던에서는 불가능할 것 같았던 일이 벌어지고 있었다. 바네사가 30년이라는 세월 동안 축적된 하이드 파크 게이트의 가족 물품(허버트 덕워스의 낡은 변호사용 가발, 편지 깡통들, 산더미 같은 그릇들을 비롯한 유물 일체)을 내버리고 블룸스버리에 집을 구해 스티븐 일가의 남매들이 살 가정을 꾸렸던 것이다. 자신도 함께 살겠다는 조지의 말에 가슴이 철렁했지만, 조지가 결혼해 제 갈 길을 가준 덕에 한시름 놓을 수 있었다.

버지니아는 11월에 잠시 런던으로 돌아와 커다란 새 잉크병이 놓인 책상 앞에 앉아보았다. 바이올렛의 주선으로 《가디언》이라는 종교적 성향의 신문으로부터 최초의 원고 청탁(한 편의 에세이와 여러 편의 서평)을 받기도 했다. 새로 생긴 서재를 정리하면서는 이렇게 말했다.

"내가 사랑하는 장서들이 모두 근사하게 꽂혀 있고, 벽난로에는 따뜻한 불이 지펴져 있고, 전등이 켜져 있고, 엄청난 분량의 원고와 편지가 쌓여 있어요."[27]

어느 작가의 방이 될 곳이었다.

스티븐 일가는 기운차게 햄프셔로 크리스마스 휴가를 떠났다. 버지니아는 고질적 언어 중독증에 흠뻑 젖어 있는 길고 힘찬 편지들을 썼다.

"펜이 보이면 나도 모르게 잡게 됩니다. 술잔을 보면 자기도 모르게 잡는 사람들이 있잖아요."[28]

1905년 새해의 버지니아는 희망차게 하늘을 올려다보았다. "우리가 새 페이지를 펼치고 하늘에서 구름을 다 쓸어낸 것처럼" 밝고 맑은 하늘이었다.[29] 다시 시작할 수 있을 것 같은 기분, 봄 향기를 맡고 있는 것만 같은 기분이었다. "증기엔진처럼 일하고 싶은 마음"을 바이올렛에게 전하기도 했다.[30] 이렇듯 버지니아는 아빠가 사용했을 법한 이미지들을 사용하면서 (레슬리는 칼라일을 증기엔진에 비유했고, "지식이라는 술에 취하기"를 좋아했다), 자기도 아빠처럼 훌륭한 에세이스트 겸 사상가가 될 수 있음을 입증하겠다는 각오를 다지고 있었다.[31] 그리고 며칠 뒤에는 그 첫걸음을 내딛기 위해 런던으로 돌아갔다. 1월 10일에는 기분 좋은 우편환(최초의 원고료)이 도착했다.

"오늘 아침에 내 접시에는 내 임금 중 1회분(2파운드 6실링 7페니)이 차려져 있었다."[32]

3
정착

블룸스버리의 탄생

'고든 스퀘어Gordon Square 46번지'는 크고 환했다. 규칙을 정하는
권위적 인물이 없는 곳, 삶의 새로운 패턴을 창조할 수 있을 것만
같은 곳이었다. 케임브리지에서 온 토비와 토비 친구들이 밤늦도
록 응접실을 떠나지 않았고, 바네사는 한껏 해방감을 즐기고 있었
다. 이른바 '블룸스버리'와 결부될 성적 자유, 교제의 자유, 예술적
자유를 위한 새로운 무대였다. 나중에는 버지니아도 그 결정적이
었던 해방의 순간을 즐겁게 회상하곤 했다. 예컨대 1920년대에
'비망 클럽' 회원들 앞에서 발표한 원고는 블룸스버리라는 문화계
의 전설이 생겨나는 데 일조하기도 했다.

　"고든 스퀘어는 세상에서 가장 아름답고 가장 자극적이고 가장
낭만적인 곳이었습니다. (중략) 모든 것을 새로 해보는 곳, 모든 것
을 다른 방법으로 해보는 곳, 모든 것을 시험대에 올리는 곳이었
습니다."[1]

　하지만 당시의 버지니아에게는 아직 그곳에 대한 확신이 없었

다. 리젠트 파크를 산책하는 동안 켄싱턴 가든에서 산책하던 때를 그리워하기도 했다. 새 친구들에 대한 확신도 없었다. 새 친구들은 말수가 적은 편인 듯했고, 하는 말은 하나같이 매우 추상적이었다. 희화화하기 쉬운 사람들, "구석진 곳에서 라틴어 조크에 킬킬거리는" 사람들이었다.[2] 자기는 그 사람들과 다르다고 느꼈지만, 스스로를 희화화하기도 했다. 예컨대 1906년 1월에 바이올렛에게 쓴 편지에서는 이렇게 말하기도 했다.

"내가 어젯밤에 댄스파티에 가서 한 일이라고는 어둑어둑한 구석자리에 앉아《인 메모리엄 In Memoriam》을 읽은 것뿐이에요."[3]

새로운 세계를 즐겨야 할 사람이 오히려 그 세계와 반목하고 있다는 느낌을 담은 촌철살인의 자화상이라고 할까, 여전히 빅토리아 시대의 인습적 애도 속에서 허우적거리면서 동시에 그런 자기 자신의 아이러니함을 너무나 잘 알고 있는 우스꽝스럽게 시무룩한 인물에 대한 희화화였다.

버지니아는 다른 사람들에 대한 자기 자신의 반응을 관찰하면서 자기가 어느 정도까지 다른 사람들과 함께 있는 것을 좋아하고 어느 정도까지 혼자 있는 것을 좋아하는지를 가늠했다. 1905년 여름에는 동기들과 함께 세인트아이브스를 다시 찾아가서 일가족의 유년기를 다시 한 번 느껴보기 위해서이기도 했다. 하지만 버지니아가 그 여행에서 가장 강렬한 감정을 경험했던 때는 아빠가 자주 즐겼던 고독한 도보 여행에 나섰을 때였다. 그렇게 자기가 원하는 장소를 독차지하면서 이런 감상을 남기기도 했다.

"아름다운 풍경들은 대개 우울하고 참 쓸쓸하다."[4]

바네사 벨, 〈침실, '고든 스퀘어'〉, 1912.

스티븐 일가는 블룸스버리로 거처를 옮기면서 "모든 것을 다른 방법으로" 시도해보자고 생각했다. 새로운 생활방식은 새로운 예술 형식과 무관하지 않았다.

그러면서 왜 동기들과 함께 다니는 명소 관광 일정 중에는 그런 감동이 없을까를 자문해보았다. 자기가 원하는 "특별한 풍경"은 "갑자기 예상치 못했던 곳에서 나타나는 숨어 있던" 풍경임을 깨닫기도 했다.5

버지니아의 블룸스버리 시기 중 초기는 중노동의 시기였다. 몰리 대학(당시 워털루 근처의 올드 빅 건물 안에 있던 학교)에서 일반인을 대상으로 역사와 작문을 강의하기도 했다. 안일한 만족을 몰랐던 버지니아는 속속들이 알고 있는 과목들을 가르치면서도 불안을 떨치지 못했고 강의 준비에도 막대한 노력을 쏟았지만, 가르치는 일을 좋아하지는 않았다. 성공의 조짐을 보인 쪽은 저널리즘이었다. 버지니아가 노련한 서평가라는 입소문이 나기 시작했다. 버지니아가 자신이 쓴 기사들(조지 기싱George Gissing, 윌리엄 제임스William James, 윌리엄 새커리William Thackeray, 찰스 디킨스Charles Dickens, 여자, '길거리 음악,' 에세이 작법을 다룬 글들)의 개수를 합산해볼 정도가 된 것은 1905년의 중반쯤이었다.6

그때까지도 버지니아의 장기적 야심은 아빠처럼 역사책을 쓰는 것이었고, 그 야심을 응원해주던 캐롤라인 고모는 헨리 8세의 전기를 써보라고 권유했다. 훗날 버지니아는 그때를 되돌아보면서 웃음을 터뜨렸지만, 그리 터무니없는 권유는 아니었다. 만약에 버지니아가 그 권유를 받아들였다면 어떤 책이 나왔을까?《올랜도》가 그 열쇠인 것 같다. 버지니아는 결국 픽션을 선택했지만, 버지니아의 모든 책은 과거를 언어로 표현하는 여러 다양한 방식의 모색이었다.

버지니아의 역사 감각이 가장 강렬해진 것은 친구들과 가족들이 동행하는 대망의 해외여행에서였다. 특히 형제자매들과 바이올렛이 동행했던 미케네 여행에서는 땅 밑의 지층을 파내려가는 고고학적 상상력을 발휘해보기도 했다. 고대 그리스가 섬광처럼 나타나는 순간도 있었다.

"한순간이었지만, 발밑이 갈라진 것처럼 수마일 아래의 땅 밑이 까마득히 내려다보였다."7

버지니아의 개인사에서는 이 미케네 여행이 슬픈 이정표였다. 영국에 도착했을 때는 일행 다섯 명 중 세 명이 이미 위독한 상태였다. 티푸스에 걸린 바이올렛은 자기 집으로 갔고, 고든 스퀘어는 가정 병원이 되었다. 위층의 침실에 눕혀진 토비와 바네사에게는 밤낮으로 간병인이 필요했다. 버지니아는 간병인들을 상대로 관장과 요강의 언어로 불안을 표했다. 토비도 티푸스에 걸렸다는 것을 결국 인정해야 했다.

이미 몇 번 겪은 상황이었지만, 이번에는 버지니아가 유일한 책임자였다. 버지니아는 바이올렛(아직 '엄마 왈라비'가 되어주는 친구)에게 의지하고 싶었지만, 그때의 바이올렛은 강한 친구가 아니라 강한 친구를 필요로 하는 약한 환자였다. 그러니 그때의 버지니아가 바이올렛에게 거의 매일 써보낸 편지는 자기가 간병하고 있는 환자들의 용태를 길고 희망적·실무적으로 보고함으로써 바이올렛을 응원하고 간병하는 방법일 수밖에 없었다. 버지니아는 자기와 가장 친한 세 사람의 운명이 무시무시하게 뒤엉켜 있다는 느낌을 받았다. 한 사람이 회복된다면 셋 다 회복될 것만 같은데, 한 사람이라도 회복되지 못한다면……. 그 가능성은 차마 떠올릴 수 없었다.

토비는 1906년 11월 20일에 스물아홉 살의 나이로 세상을 떠났고, 버지니아는 부고를 쓰면서 고인이 남긴 일을 처리해야 했다. 하지만 그 한 달 동안 본인의 가장 엄청난 픽션 중 한 편을 써내기도 했다. 버지니아가 바이올렛에게 써보내는 편지에서 토비는 회복 중이었다. 유장乳漿과 닭고기수프를 먹기도 하고 서평을 읽기도 하고 병문안을 받기도 했다. 진실은 이미 약해져 있는 바이올렛에게 감당할 수 없는 충격을 안겨주리라는 것이 버지니아의 생각이었다. 토비가 죽지 않았다는 픽션은 바이올렛을 지탱해주는 방법이기도 했지만, 어쩌면 버지니아 본인이 스스로를 지탱하는 방법이었던 것 같다.

버지니아 본인이 아직 감당할 수 없었고 그래서 바이올렛에게도 말할 수 없었던 일이 또 하나 있었다. 바네사가 토비가 죽은 지 이틀 만에 클라이브 벨Clive Bell의 청혼을 받아들인 일이었다. 두 사람이 고든 스퀘어 전체를 사용하기로 했고, 버지니아는 새 거처를 찾아야 했다. 하지만 편지 속에 존재하는 농밀한 상상의 세계에서는 감당할 수 없는 일을 일단 유보시킬 수 있었다. 나중에 모든 것을 알게 된 바이올렛은 버지니아의 거짓말을 용서해주었다. 그 유령 픽션이 아니었다면 버티기 어려웠을 시간이었다. 버지니아의 편지에는 그리스 비극을 암시하는 이미지도 포함되어 있었다.

"온 세상이 무너지고 폐허만 남은 것 같아요."

버지니아는 그 후로도 항상 죽은 오빠를 그리스 비극과 연결시켰다.[8]

언니의 결혼

바네사와 클라이브가 결혼생활에서 행복을 구가하는 동안, 버지니아는 독신 여성의 자족적 생활을 시작하기 위해 애쓰고 있었다. 피츠로이 스퀘어 29번지에서 에이드리언과 함께 살게 되었지만, 원래 친하지 않았던 남매였던만큼 각자 최대한 독립적으로 살기로 했다. 버지니아는 열심히 서평 원고를 쓰면서 수시로 시골로 여행을 떠났고, 여행지에서는 발길 닿는 대로 거닐면서 배회의 경험을 일기와 편지에 금언적으로 늘어놓았다. 콘월에 가서 습지를 거닐고 서식스에 가서 다운스 구릉을 거니는 것은 댄스파티에 가서 '어둑어둑한 구석자리'에 앉아 있는 것과 마찬가지로 고독한 괴짜 사상가라는 정체성을 시험해보는 방법이었다. "나는 뭐가 되고 싶은 건가?"라는 자문은 버지니아에게 독신 여성의 미래를 보여주었다. 그렇게 살 수 있느냐는 작가로서 성공할 수 있느냐에 달려 있는 것 같았다.

"독신 여성이자 이모이자 여성작가로 하루 하루를 어떻게 보내야 할지 이제 알 것 같아요."9

바네사가 1908년 2월에 첫 아이 줄리언을 낳은 후로 버지니아는 언니의 '행복의 테두리'를 방해하는 불청객이라는 것을 그 어느 때보다 강하게 느끼고 있었다.10 바네사가 아기에게만 매달려 있는 탓에, 클라이브도 소외감을 느끼고 있었다. 세 사람 모두에게 재앙을 몰고 올 뻔했던 위험한 불장난이 시작되었다. 훗날의 버지니아는 그때의 관계를 몹시 혐오스럽게 회고하지만, 그때의 버지니아는 새로운 관계가 자기 손에 쥐어준 새로운 권력을 차마 포기하지 못하고 있었다. 관계는 선을 넘었지만, 연애 관계로까지 악화되지는 않았다.

버지니아는 위험한 관계에서 빠져나오면서 독신의 장점을 증명해보여야 했다. 웨일스 매노비에서 보낸 1908년 여름은 혼자였지만 외롭지 않았다.

"한참 걷다 보면 대개 해변까지 가게 되는 거야. 거기서 어느 아늑한 곳에 자리를 잡고, 파도가 만들어내는 형체로부터 나의 이미지를 창조하는 거지."[11]

후일 《출항 *The Voyage Out*》이라는 제목으로 완성될 소설을 준비하는 시간, 본격적 집필 작업을 앞두고 마음을 다잡는 시간이었다. 클라이브에게 그 결심을 전하기도 했다. "올 가을에는 책상 앞을 떠나지 않고 (중략) 어둠 속에서 작업에 매달릴 작정"이에요."[12]

버지니아는 미치광이 이모의 역할을 연기하면서도 자기만의 스타일을 찾아냈다. 1909년 크리스마스이브에는 12시 30분에 콘월에 가기로 마음먹고 역으로 달려가 1시 기차를 탔고, 크리스마스 당일(가족과 함께 보내야 하는 것으로 되어 있는 날)에는 안개를 헤치고 산행을 다녀온 다음, 본인이 한창 즐기고 있는 즉흥적 여행을 생생하게 묘사하는 편지들을 런던으로 써보냈다. "손수건, 손목시계 태엽감개, 편지지, 안경, 수표책, 안경, 외투를 챙길 새도 없이" 서둘러 출발한 여행이었다는 소식과 지금은 텅 빈 호텔의 벽난로 앞에 행복한 기분으로 앉아 있다는 소식을 언니에게 재미있다는 듯 전하기도 했다.[13]

책 속에서 본인의 행동을 가늠할 모델을 찾는 것은 그때도 마찬가지였다. 버지니아가 크리스마스 여행 중에 "급행열차"처럼 휙휙 읽고 있던 책은 레이디 헤스터 스탠호프라는 기인(고양이 48마리를 키웠고, 바지를 입고 승마로 시리아를 횡단했고, "본인이 메시아라는 믿음"을 가졌던 인물)의 여러 권짜리 회고록이었다.[14] 한순간 본인이 현대판 레이디 스탠호프라는 상상에 잠기기도 했고, 불현듯 떠오른 몽상을 클라이브에게 휙 날려 보내기도 했다.

"내가 런던으로 돌아가지 않고 여기 눌러 살면 어떨까요. 자기가 낮은 연령대의 처녀라고 착각하면서 5월의 야간 축제에서 춤을 추면 어떨까요. (중략) 줄리언은 망측한 이모라고 싫어하겠지만."[15]

미래의 자신이 어떤 모습일지 익살스럽게, 능청스럽게 가늠해 보는 과정이었다.

그 시기에 버지니아가 가장 하고 싶어 했던 일은 소설 작업 마무리였지만, 1910년에는 그것이 거의 불가능했다. 점점 심해지던 긴장과 불안은 2월 말에 이미 위험 수위였다. 의사 조지 새비지가 런던을 벗어나보는 것이 어떻겠느냐고 했고, 그때부터 버지니아는 일련의 요양 여행을 시작했다. 6월에는 바네사가 캔터베리 외곽에 집을 빌렸다. 자기가 그 집에서 함께 지내면 동생의 회복에 도움이 되리라는 생각이었지만, 동생은 한 달이 지나도 회복의 기미가 없었다. 자기가 짐이 된다고 느낀 버지니아는 "휴식 치료"를 받으라는 새비지의 처방에 따라 트위크넘의 벌리 파크 병원에 입원했다. 산달이 가까운 언니의 짐을 덜어주기 위해서이기도 했지만, 차도가 있으리라는 기대가 전혀 없는 것은 아니었다. 실제로는 어땠는지 모르지만 최소한 편지 속에서는 의사의 처방을 담담히 받아들이는 모습이었다.

"나를 철저히 고립시키려는 것은 아니라고 (새비지는) 말하고 있으니, 병원 생활이 바깥 생활보다 더 힘들어지는 않을 것 같아."[16]

하지만 병원 생활은 매우 힘들었다. 강제로 음식을 먹였고, 책과 병문안을 허가하지 않았으며, 언제 나아지리라는 예측을 할 수도 없었다. 버지니아는 곡식이 '익기'를 기다리는 농부처럼 자기 뇌가 회복되었나를 계속 점검했고, 늦여름에는 드디어 병원을 나올 수 있었다.[17] 가을에는 콘월과 도셋에서 조심스러운 요양의 시간을 보낸 뒤 시험 삼아 런던으로 돌아와 보았다.

때마침 런던에서는 '마네와 후기 인상파'의 개막을 앞두고 있었다. 버지니아의 친구들에게는 이 전시회가 초미의 관심사였다. 이 전시회를 기획한 로저 프라이(프랑스 현대회화 취향의 열정적 미술 비평가)가 블룸스버리 그룹에 돌풍처럼 합류한 이래로 회화는 블룸스버리의 핵심적 화제로 떠올라 있었다. 이 전시회는 전국적으로 선풍적 인기를 끌었고, 클라이드와 바네사는 "지글거리는 흥분"에 사로잡혔다.[18]

버지니아는 이 전시회에 호감과 흥미를 느끼고 있었고, 어떤 의미에서 버지니아의 픽션은 이 전시회에서 비롯된 미술 논쟁들에 대한 눈부시게 독창적인 반응이었지만, 화가들이 느끼는 지글거리는 흥분을 공유하기는 불가능했다. 당시의 버지니아는 그림이 자기와 별로 관계가 없는 영역이라고 생각했고, 바이올렛에게 그 생각을 전하기도 했다.

"나는 그림보다는 책이 훨씬 더 좋다고 생각해."[19]

'후기 인상파 무도회'가 끝난 후에 신바람 난 사진가들 앞에서 고갱의 뮤즈인 척 포즈를 취하는 것도 "지긋지긋한 일"이었다.[20]

버지니아는 자기 자신과 자기가 쓴 글이 세상과 어떻게 어우러질 수 있을지 아직 확신할 수 없었다. 클라이드에게 비평가로서 조언해줄 것을 부탁한 것은 그 때문이었다(버지니아에게 클라이드는 무엇보다도 언니의 남편이었다). 사실은 아빠의 칭찬을 원하고 있었다. 마음속에서 소중한 것이 샘솟고 있었다고 할까, 아니, 흘러넘치고 있었지만, 그것을 받아줄 사람이 누가 있을지 알 수 없었다.

《파도》에서 로다는 자신이 따 모은 꽃들을 안고 앞으로 나아가면서 계속 생각한다.

"이걸 누가 받아줄까?"[21]

결혼하라는 압력은 엄청났다. 무려 네 사람이 청혼했지만 버지니아는 그중 누구에게도 자신을 받아달라고 할 수 없었다. 1909년 2월에 친구 리턴 스트레이치Lytton Strachey가 청혼했을 때는 한순간 조급히 "승낙"하기도 했지만, 두 사람 다 하루 만에 생각을 바꿨다.

버지니아는 블룸스버리에서 자신의 섹슈얼리티가 화제가 되고 있음을 알고 있었고, 처녀라는 자의식을 느끼게 되는 경우도 많았다. 자신을 뺀 모든 사람들이 육체(섹스, 불륜, 출산, 동성애, 그리고 또 섹스)에 대한 생각, 육체에 대한 대화에 몰두해 있는 것 같았다. 버지니아가 다른 사람들과 다르다는 것은 소소하게 드러났다. 예컨대 화가 프랜시스 도드Francis Dodd의 초상화 모델이 되었을 때 버지니아는 자신이 누드로 포즈를 취할 수 없음을 알게 된 반면에 언니 바네사와 바네사의 화가 친구들은 옷을 벗는 것을 대수롭지 않게 생각했다.

소소한 것들은 쌓였다. 매지 본이 버지니아의 글에 대해 지나치게 몽상적인 글, "심장"이 없는 글이라고 말했을 때, 버지니아는 그 말을 자기의 처녀성에 대한 논평으로 받아들였다. 그러고는 절반쯤 웃어넘겼다.

"결혼이 작가의 문체에 필요하다면, 결혼을 고려해볼 수밖에 없겠네요."22

그러고는 정말 열심히 고려해보았다. 언니를 유심히 관찰하면서 아내 겸 엄마의 배역을 머릿속으로 연기해보기도 했다(바네사에게 "엄마가 된다는 게 어떤 건지 상상이 되고도 남는다"는 격렬한 편지를 바네사에게 보내기도 했다).23 버지니아는 아내 겸 엄마가 될 수 있음을 증명해보여야 했지만, 아내 겸 엄마가 되고 싶은지에 대한 확신이 없었다. 이십 대 중후반이라는 긴 시기 내내 버지니아에게는 모든 일은 위험한 내기인 듯했다.

새로운 가정 형태에 대한 모색도 계속되었다. 평화로운 시골에서 책을 읽고 글을 쓰고 싶은 마음은 점점 더 커졌다. 다운스 구릉 아래에 서 있는 작은 집 한 채를 아주 싸게 임대한 뒤 서식스에서의 첫 집이었던 그 집에 '리틀 탤랜드 하우스Little Talland House'라는 이름을 붙이기도 했다. 어린 버지니아가 콘월의 탤랜드 하우스를 사랑했듯, 어른 버지니아는 서식스의 다운스 풍경을 평생 사랑했다.

1911년 가을에는 에이드리언과 "어떻게 살 것인가"에 대한 긴

—

던컨 그랜트와 존 메이너드 케인스(1912년).

두 사람은 브룬스윅 스퀘어 38번지 1층에서 함께 살았고, 에이드리언은 2층, 버지니아는 3층, 레너드 울프는 꼭대기 층에서 살았다.

대화를 나눈 끝에 피츠로이 스퀘어 29번지에서 브룬스윅 스퀘어 38번지로 거처를 옮기고 친구들을 위한 모종의 숙사를 마련했다.[24] 정해진 시간에 식사가 나오는 매우 검소하고 민주적인 숙사였고("쟁반은 정시에 홀에 준비"), 집세는 정확히 비용을 충당할 정도였다.[25] 점잖은 중간계급이 보기에는 관습에 심하게 어긋나는 가정 형태였다. 버지니아 스티븐만이 여자, 나머지 네 명은 남자였고, 1층 주민은 동성 커플 존 메이너드 케인스John Maynard Keynes와 던컨 그랜트Duncun Grant, 2층 주민은 한때 그랜트와 애인 사이였던 남동생 에이드리언, 가장 싼 꼭대기 층 주민은 "빈틸터리 유대인"이었다.[26] 경악한 바이올렛은 초대를 거절할 핑계를 찾았고, 덕망 높은 스티븐 일가의 친척들은 깊이 우려하면서 모른 척했다.

레너드 울프와의 만남

꼭대기 층 남자가 집주인 여자를 사랑한다는 사실은 일을 좀더 복잡하게 만들었다. 꼭대기 층 남자의 정체는 케임브리지 시절에 리턴 스트레이치의 친한 친구였고 토비 스티븐의 친구들 중 하나였던 레너드 울프Leonard Woolf였다. 레너드는 다른 친구들이 대학교를 졸업하고 문화계로 진출한 것과는 달리 식민부 관료가 되었다. 그는 무기한 임기로 실론으로 가야 했을 때는 참담한 심정이었지만, 식민 체제 전체를 혐오하면서도 주어진 업무를 효율적으로 이행하는 한편, 《정글 도시 *The Village in the Jungle*》라는 소설을 쓰는 등 창조적 삶의 영역을 지켜나갔다.

레너드가 1911년에 1년 간 휴가를 받아 런던으로 돌아왔을 때
는 이미 관료로서의 성공이 보장되어 있었다. 레너드는 예전부터
버지니아를 매혹적인 여자라고 생각하고 있었고, 버지니아는 레
너드에게 자기 소설을 읽어줄 정도로 레너드를 신뢰하기 시작했
다. 두 사람은 자신이 살고 싶은 삶에 대한 이야기를 나누었다. 레
너드가 버지니아를 실론으로 데려갈 수 없다는 것은 분명했지만,
버지니아를 두고 떠날 수 없다는 것도 레너드에게는 점점 분명해
졌다. 버지니아에게 청혼한다는 것은 눈앞에 보이는 유일한 성공
가능성을 포기하고 엄청난 위험을 감수하는 일이었다. 버지니아
가 승낙해줄지도 의문이었다.

버지니아의 첫 대답은 거절이었지만, 두 사람이 런던과 서식스
의 애시엄Asheham(버지니아가 서식스에서 리틀 탤랜드 하우스 다음에 임대한 집)
에서 함께 보내는 시간은 1912년 봄 내내 점점 더 길어졌다. 애
시엄은 리틀 탤랜드 하우스에 비해 크기도 크고 외관도 아름다웠
다. 버지니아와 레너드가 함께 산책하던 중에 발견한 집이었다.
다운스 구릉 사이에 평화롭게 홀로 서 있는 낭만적인 리젠시 양
식Regency House의 건물이었고, 집 앞쪽에는 양들이 풀을 뜯는 천연
목초지가 멀리까지 펼쳐져 있었다. 훗날 레너드는 "정원과 들판의
풀들이 창문을 통해서 집 안으로 들어오는 느낌"이었다고 회상했
다.27 버지니아와 레너드가 너무나 좋아한 집이었다.

5월의 버지니아는 레너드와 여러 차례 신중하고 탐색적인 대화
와 편지를 주고받은 끝에 레너드에게 자신도 사랑한다고 대답했
다. 두 사람은 서로에게 극히 솔직했다. 버지니아는 결혼 상대에

게 성적으로 끌리지 않음을 분명히 하면서도 "엄청난 힘으로 생동하는, 항상 살아 숨 쉬고 항상 뜨거운" 결혼 생활에 대한 기대를 전할 수 있었다.[28] 두 사람이 계획하는 삶은 작업하는 삶, 대화하는 삶, 자유로운 삶이었고, 두 사람의 사랑은 공감에 기초한 즐거운 사랑이었다.

1912년 8월에 세인트 판크라스 구청에서 결혼한 두 사람은 애시엄과 런던의 셋집을 오가는 일상의 루틴을 짜기 시작했다. 두 사람이 동시에 '이상적'이라고 느끼는 생활이 시작되었고, 버지니아는 독신의 시기에 마음을 터놓고 지냈던 여자 친구들에게 자기가 매우 행복하다는 소식을 담담히 전할 수 있었다. 열렬히 사모하는 상대와의 결혼이 아니라 깊이 신뢰하는 상대와의 결혼이었다. 옛날 가정교사였던 재닛 케이스에게 "기다릴 가치가 있는 결혼"이었다고 전하기도 했다.[29] 남편의 작업과 자신의 작업은 버지니아의 행복에서 빼놓을 수 없는 요소였다.

"소설을 다 썼어요. 그이도 다 썼고, 나도 다 썼어요."[30]

《출항》

버지니아가 다 쓴 소설은 《출항》이었다. 이 시기 내내 써야 했던, 그리고 꽤 많이 고쳐 써야 했던 "상상력의 작업물"이었다.[31] 제목이 말하는 "출항"은 레이첼 빈레이스라는 스물네 살의 여자가 이모 헬렌의 에스코트를 받으면서 영국에서 남아메리카로 가는 여행(리치먼드의 편협한 가정을 뒤로 하고 이국의 땅, 미지의 땅으로 향하는 여행)이

—
도라 캐링턴(Dora Carington)의 일러스트.

도라 캐링턴은 리턴 스트레이치에게 편지를 보내면서 그림을 그려 넣는 경우가 많았다.
1917년 1월에 서식스에서 울프 부부와 함께 지낼 때도 편지에 이 그림을 그려 넣고 캡션
을 붙였다.
"보시다시피 애시엄은 햇빛에 싸여 있어요."

기도 하지만, 레이첼이 어른이 되어가는 내면의 여행(꽤 흔한 줄거리)이기도 하다. 레이첼은 다른 사람들의 생각과 부딪힐 때마다 자신의 생각을 스스로 결정해야 하고, 난생 처음으로 남자의 성욕과 부딪힐 때는 자신의 욕망을 들여다보아야 한다.

독창적이라고 하기는 어려운 줄거리였지만, 울프는 이 흔한 소재를 가지고 모종의 아스라하고 추상적인 이야기를 엮어냄으로써 뚜렷한 형태로 구체화되기를 거부하는 어떠한 의미를 가리켜보였다. 여주인공은 자기의 생각을 좀처럼 드러내지 않는 인물, 그러다가 때로 독자의 짜증을 불러일으키는 인물이 입을 열지 못하거나 마음을 정하지 못하는 경우가 너무 많은 탓에 여주인공이 있어야 하는 자리에 빈 공간이 있는 것만 같다. 이 침묵 속에는 여자들에게 주입되어 있는 수동성에 대한 울프의 맹렬한 비난이 깃들어 있지만, 그런 맹렬함이 터져 나올 만한 직접적 통로는 그 어디에서도 보이지 않는다. 테렌스는 아무도 대변해주지 않는 여자들의 시각을 떠올리면서 "피가 끓지 않습니까?"라고 묻지만, 독자의 귀에 들리는 것은 레이첼이 마음속에 떠올리는 막연한 대답과 레이첼이 겨우 꺼내놓는 양보와 타협의 몇 마디뿐이다.[32]

여주인공이 위독한 열병에 걸려 죽게 되는 소설의 결말은 무언가를 의미하는 최종 발언(걷잡을 수 없이 터져 나오는 몸의 발언)이라고 느껴지지만, 그 무언가가 말로 표현되지는 않는다. 레이첼 빈레이스는 죽음을 자초하는 몽상가(《플로스 강변의 물방앗간 *The Mill on the Floss*》의 여주인공 매기 털리버의 전통에 속하는 인물)일 수도 있다(그럴 경우 여주인공의 발병은 결혼에 대한 거부 반응이다). 하지만 여행자에게 때때로 닥치는는 우연한 죽음(그리스에서 토비 스티븐에게 닥쳤던 죽음, 그때껏 살았던 삶에 대한 심판이라고는 여겨질 수 없는 죽음)을 맞은 것뿐일 수도 있다. 소설에서 일어나는 모든 일에 다 의미가 있지는 않다는 것이 울프가 쓴 소설들의 가장 대담한 점 가운데 하나다.

울프는 이 첫 소설에서 자기 노출의 정도를 고심 중이었다. 폐소공포증을 불러일으키는 답답한 가정을 벗어나 새로운 생활 방식을 모색하는 여자, 그렇게 결혼 직전까지 갔다가 결국 열병에 걸려 정신병자가 되는 여자에 대한 이야기를 쓰고 있었으니 어느 정도의 자기노출은 불가피한 일이었다. 울프가 세련되고 경험이 풍부한 친구들이 자기의 소설을 읽으리라는 것을 알면서도 레이첼을 울프 본인만큼이나 나이브하고 천방지축인 인물로 그려냈다는 것, 젊은 여자의 사회적·성적 무지함에 대한 이야기를 써냈다는 것은 그런 의미에서 기묘하게 용기 있는 일이었다. 《출항》의 플롯은 손쉬운 낭만적 자기미화의 여지를 주지만, 그런 것이 전혀 없다. 헬렌은 대부분의 스물네 살짜리 여자에게 굴욕감을 느끼게 할 만한 방식으로 레이첼에게 핀잔을 주기도 한다.

"이런, 레이첼, 너랑 있으면 집에서 강아지를 키우는 것 같구나. 강아지가 속옷을 물고 홀까지 내려왔다고 생각해보렴."[33]

레이첼이 중간계급의 현상태를 경멸하고, 거대한 질문을 제기하는 급진적 사상가일지는 모르지만, 이 변혁의 영웅으로 선택했을 만한 인물은 아니다. 속옷을 물고 내려오는 레이첼의 과감한 행보는 블룸스버리의 스타일리시한 성상파괴가 아니라 애완동물의 무자각적 장난이다.

—
레너드 울프와 버지니아 울프 (1914년, 애시엄).

레너드는 1912년에 퇴직했고 같은 해에 버지니아와 결혼했다. 1913년에 출간된 첫 소설
《정글 도시》는 식민부 관료 시절의 경험이 바탕이 되었다.
"소설을 다 썼어요. 그이도 다 썼고, 나도 다 썼어요."

《출항》은 이렇듯 작가의 강도 높은 자의식이 빚어낸 작품이기도 하지만, "무자각"을 깊이 있게 다루는 작품, 곧 직관적인 것의 가치를 찾는 작품이기도 하다. 레이첼이 "둥지에서 반쯤 잠든 새 같은" 인물(테렌스의 표현)이라면, 그것은 어쩌면 레이첼의 강점이다.34 레이첼의 마지막 환각 장면은 최면에 걸린 분위기를 풍기는 이전 장면들을 통해 미리 예고되어 있었다. 형태가 있는 것들이 흐릿해지고 표면의 디테일이 사라지면서, 레이첼의 감각(질료의 장벽들 사이로 "빛점처럼 이동하는 사람들")만 남는다.35 이 대목에 이미 비전의 속성이 깃들어 있다. 울프의 이후 소설들에서 눈부시게 선명한 순간들을 만들어내는 것도 바로 이런 추상적인 지각이다. 하지만 이 대목에서는 아직 꿈을 꾸면서 미안해하는 어조가 들리고, 선명한 순간을 만들어낸다기보다는 갈팡질팡하는 모습이 보인다. 하지만 《출항》에서 진실의 실마리를 풀어내는 데는 명쾌한 목소리보다는 갈팡질팡하는 목소리가 오히려 더 효과적인 것 같다.

이 소설을 출항시키는 일은 끔찍한 시련이었다. 울프가 이 소설을 보낸 출판사의 발행인이 이복 오빠 제럴드 덕워스였다는 사실이 사태를 더 악화시켰다. 덕워스는 출판을 결정했지만, 시련의 연속이었던 버지니아의 출판 여정에서 출판 결정은 시련의 끝이 아니라 시작이었다. 행복하고 생산적인 시간처럼 보였던 결혼생활이 1년을 넘길 때쯤 신경쇠약 증세가 도졌다. 울프의 평생에서 최악의 시기였던 1913~15년에 있었던 일련의 발병 중 최초의 발병이었다.

울프는 다시 트위크넘에 입원했다가 본인 의사로 퇴원했지만,

퇴원 이후 용태가 더 나빠졌다. 1913년 9월 9일 초저녁에 브룬스윅 스퀘어에서 울프는 베로날을 과다 복용했다. 세인트 바솔로뮤 병원의 외과의사였던 제프리 케인스(존 메이너드 케인스의 동생)가 위 세척을 위해 울프와 레너드를 태우고 병원으로 달려갔다. 브룬스윅 스퀘어로 따라온 의료팀은 환자의 생명을 구하기 위해서 몇 시간을 매달렸다. 그날 밤이 고비였다.

이듬해 봄 내내 회복의 기미가 없었다. 레너드는 버지니아를 위해 애시엄에서 여유 있는 루틴을 마련했다. 버지니아는 화를 내면서 반항할 때가 있는가 하면 얌전히 따를 때도 있었다. 스스로 자신의 인생을 허비하면서 레너드의 인생까지 허비하고 있다는 것이 버지니아의 끔찍한 느낌이었다. "사랑하는 몽구스"에게 "감사와 후회"를 전하기도 했다.36 어마어마하게 슬픈 마음이었다.

회복되기까지는 여러 달의 인내와 노력이 필요했다. 달음박질치는 마음을 추슬러 더딘 반복 과제를 수행하는 시간이었다. 다른 사람들의 글을 타이핑하기도 하고 정원을 가꾸기도 하고 요리를 배우기도 했다.

오래 지체되었던 《출항》이 드디어 출간된 것은 1915년 3월이었다. 하지만 버지니아가 어떻게 반응했는지에 대한 기록은 없다. 출간을 불과 두어 주 앞두고 가장 심한 신경쇠약 증세로 고통받고 있었으니 출간에 반응을 보일 만한 상태가 아니었다.

4
성공

상반된 두 소설

"내가 지금 왜 행복할까 생각해보면 그저 병이 나을 때 느껴지는 개운함 때문인 것 같습니다."[1]

3년간의 환자 생활을 마무리하는 1916년 2월의 감회였다. 돌이켜보면 버지니아가 레너드와 마주하는 일 자체를 거부했던 두 달 간의 악몽 같은 시기도 있었다. 저축은 간병 비용 탓에 바닥나 있었다(입주 간병인이 네 명까지 필요했던 시기도 있었다). 레너드는 완전히 지쳐 있었고, 버지니아의 체중은 강제 주입당한 음식 탓에 3스톤 정도 불어나 있었다. 하지만 이제는 원래의 체형을 되찾기 위한 체중 감량을 시작하는 것이 가능했다. 리치먼드의 호가스 하우스 Hogarth House(간간이 신경쇠약 증세가 나아질 조짐을 보일 때 레너드와 함께 발품을 팔아서 구한 집)를 마음껏 즐기기 시작하는 것도 가능했다.

버지니아는 런던 중심부에 살고 싶었지만, 건강 상태가 불안정한 자신 같은 사람에게는 널찍하고 평화로운 리치먼드가 거주지로 훨씬 적합하리라는 의견을 받아들이기로 했다. 교외에 살아야

—
바네사 벨과 던컨 그랜트(1912년, 애시엄).

두 사람은 함께 그림을 그렸고 후기 인상파 전시회에서 함께 흥분했다. 그리고 그렇게 서서히 사랑에 빠지면서 파트너 관계를 맺기 시작했다. 두 사람의 파트너 관계는 평생 지속되었다.

하는 버지니아 같은 사람에게 호가스 하우스는 더할 나위 없는 거처였다. 조지 양식의 고급 벽돌집에 내리닫이 창이 나란히 나 있었고, 방들은 넓으면서 나무 패널 벽이었다. 건물 뒤편 창문을 열면 지붕들 너머로 큐 가든이 내려다보였고, 조금만 걸어 나오면 런던 행 기차를 탈 수 있었다.

그해 봄의 버지니아는 삶의 극히 평범한 국면들 속에서 기쁨을 느꼈다. 그런 것들을 읽는다는 것이 무엇을 의미하는지를 너무나 잘 알고 있는 탓이었다. 회복은 더디고 들쭉날쭉했지만 심하게 나빠지는 경우나 나빠진 상태가 길게 가는 경우는 없었다. 버지니아는 살아 움직이는 매순간을 움켜잡으면서 세상 속으로, 그리고 본인의 작업 속으로 재진입하고 있었다.

1916~22년의 울프는 한 작가가 썼다고는 생각하기 힘들 만큼 다른 두 소설을 썼다. 먼저 나온 《밤과 낮Night and Day》은 등장인물들의 삶과 등장인물들이 복잡한 느낌들, 긴 대화의 물질적 디테일들을 하나하나 기록하는 작품인 반면에, 뒤에 나온 《제이콥의 방》은 일련의 순간들(각각의 순간을 두세 개의 윤곽선으로 표현하면서 그 사이의 시간들을 빈자리와 줄임표의 여백으로 처리하는 작품)이다. 한 젊은이의 삶을 기록하는 실험적 전기물이자 그 젊은이의 죽음을 애도하는 추모물이다. 《제이콥의 방》은 소설의 새로운 형식을 구축한 작품이지만, 무無에서 생겨난 작품이 아니라 수년간의 총망한 독서와 집필과 생활에서 나온 작품이다.

《밤과 낮》

《밤과 낮》의 초반 작업은 고통스러울 정도로 더뎠다. 병상의 울프는 글을 쓸 수 있는 시간이 하루에 한 시간으로 제한되어 있었고, 물질적 차원을 빈틈없이 그려내야 하는 《밤과 낮》 같은 소설에서 제한 시간 한 시간으로는 좀처럼 진도를 나갈 수 없었다. 울프는 《밤과 낮》을 내용면에서뿐 아니라 형식면에서도 마음을 안정시킬 수 있는 치유물로 만들 생각이었다. 《밤과 낮》의 주인공은 《출항》의 레이첼과 달리 열병에 걸리거나 환각을 보는 일은 없을 것이었다. 《밤과 낮》은 비극이 아니라 희극이었다. 자신의 운명을 스스로 개척하는 젊은 여성의 이야기라는 점에서는 《출항》과 마찬가지였지만, 이번에는 행복하게 끝날 것이었다. 형식면에서 보수적 구성에 매달렸던 것도 위험을 미연에 방지하기 위해서였다. 등장인물 하나하나를 배경과 함께 세심하게 구체화한 다음, 두 사람씩, 또는 세 사람씩 짝을 지워 《밤과 낮》이라는 느린 춤을 추게 할 수 있는 구성이었다.

훗날 울프는 《밤과 낮》을 회상하면서 "관습적 문체를 연습해본" 작품이었다고 했다. 그때의 문법 수업이 나중에 규칙을 깨뜨릴 수 있게 해주었다는 이야기였다.[2] 그때 울프가 문학의 관습에 대해서 고심했던 것은 분명하다. 작품을 끝내기 직전에 남녀 주인공을 결혼시켜버리는 제인 오스틴처럼 문학의 관습을 의도적으로 활용했다고 말할 수도 있다. 하지만 《밤과 낮》에는 "연습"과는 전혀 다른 면이 있다. 여섯 살 때부터 글쓰기를 연습해온 버지니아 울프였다. 작가의 야심을 가득 품고 있는 서른네 살은 본 공연을 시작

—
바네사 벨, 〈줄리언, 퀜틴, 안젤리카와 함께 있는 클라이브 벨〉, 1924.

바네사는 1907년에 미술비평가 클라이브 벨과 결혼했다. 두 사람에게는 각자의 관계가 따로 있었지만 끝까지 이혼하지 않았다. 클라이브는 찰스턴에 방을 두고 수시로 들르면서 바네사와 함께 세 아이를 키웠다. 그중 안젤리카는 던컨 그랜트의 딸이었다.

할 나이였고,《밤과 낮》은 본 공연의 일부였다.

《밤과 낮》은 "어떻게 살 것인가"(울프가 형제자매들과 새 집을 마련할 때마다 열심히 토론했던 문제이자 당시의 울프가 여전히 자문하고 있던 문제)를 묻는 작품이다. 여주인공 캐서린 힐버리는 문학 천재였던 할아버지의 그림자를 점차 벗어나고 있는 스물일곱 살의 젊은 여성이다. 캐서린은 빅토리아 시대의 유물들과 기억들로 가득한 옛집을 벗어날 작정인데, 그런 캐서린이 어떤 방법으로 미래를 선택할 방법이 뭐가 있겠는가? 캐서린이 삶 앞에서 제기하는 모든 질문들은 누구와 결혼할 것인가라는 하나의 문제로 수렴되는 만큼,《밤과 낮》에서 전통적인 구혼 플롯은 어떻게 자유로워질 것인가라는 논지의 감각적 표현이라고도 볼 수 있다.

캐서린과 랠프 데넘의 관계는 새로운 무언가가 다가오는 듯한 느낌으로 환하게 빛난다. 딱딱한 고체로 보였던 의자와 탁자가 갑자기 딱딱함을 잃어버리기도 한다.

"물건들은 물론 고체였다. 캐서린이 앉은 의자의 등받이가 랠프의 손에 잡혔잖은가. 하지만 물건은 어딘가 비현실적이었고, 공기는 꿈을 꿀 때 느껴지는 공기였다."3

공고하게만 보이는 중간계급 영국인들의 삶이지만, 두 사람이 함께 그들의 틀과 마주한다면 그들의 틀도 머잖아 바뀔 수 있을 것만 같다.

《밤과 낮》은 이행의 순간들(새 집으로 들어가기 위해 문지방을 넘는 순간이나 해가 져서 불을 켜야 하는 순간)에 주목하는 소설이자 "관습적 문체"가 표현할 수 없는 이상하고 불확실한 것들(붙잡을 수 없는 생각들, 이해할 수 없는 상징들, 정확한 해석을 거부하는 듯한 압지의 얼룩들)로 가득한 소설이자 마구 뻗어나가던 책 전체를 끝부분에서 하나의 단순하면서도 비전의 속성을 띠는 이미지(울프의 다른 어떤 이미지에 못지않게 강렬한 이미지)로 압축하는 소설이다. 캐서린이 랠프와 함께 환한 가로등 길을 걷는 장면이다.

"불가사의한 수수께끼가 풀린 느낌, 어려운 문제가 해결된 느낌이었다. 우리가 혼돈과 혼란으로부터 평생을 바쳐서 다듬어내고자 하는 비뚤어짐 없는, 모자람 없는, 허술함 없는 유리구슬을 캐서린은 아주 짧은 순간 두 손에 담은 느낌이었다."4

울프의 이후 소설들이 지향하는 선명한 비전을 미리 일별할 수 있는 순간이다.

하지만 울프는 소설을 그 완벽한 유리구슬로 마무리하는 대신 캐서린이 택하지 않은 삶(꾸준히 배경에 머물러 있으면서 캐서린의 행복을 가능하게 만들어준 삶)에 대한 찬사로 마무리한다. 메리 대칫(독신 여성이자 독립한 여성이자 일하는 여성)이 사는 아파트의 창문에서 새어나오는 불빛을 캐서린과 랠프는 함께 올려다본다. 메리에게는 할 일이 있겠구나, 메리는 집필과 작업 계획으로 밤늦게까지 바쁘겠구나, 괜히 찾아가서 방해하지 말아야겠구나 하고 캐서린과 랠프는 생각한다. 창문을 올려다보는 캐서린과 랠프의 시선에는 연민이 아닌 경외가 어려 있다. 이 마무리를 버지니아 울프가 버지니아 스티븐에게 보내는 작별 인사의 한 부분이었다고 볼 수도 있겠지만, 그후로도 울프는 이 이미지("어두운 밤을 홀로 헤쳐 나가는 여자"의 이미지)를 버리지 않았다. 고되고 황막해보이는 자기 삶을 바네사의 삶과 비교

하게 될 때도 많았고, 그때마다 이 이미지로부터 위안을 얻었다.[5]

외부의 전쟁과 내면의 광기

《밤과 낮》은 울프의 전시戰時 소설이다(1918년 가을에 전쟁이 끝나면서 이 소설도 완성되었다). 《밤과 낮》을 쓰는 동안 바람결에 실려 오는 소리들 중에는 프랑스 북부의 포탄소리도 있었다. 낮게 우르릉거리는 죽음의 소리는 약했고, 멀었고, 어떤 일상과도 잘 어우러지지 않았다. 나중에 《등대로》에서 울프는 앤드류 램지가 전사했다는 소식을 꺾쇠 괄호에 넣게 된다. 그래서 전쟁이 비현실적이고 먼 일로 느껴지기도 하지만 전사가 충격적인 죽음, 개죽음이라는 느낌은 그만큼 더 강해진다. 혹자는 울프가 자기 시대의 대규모 분쟁들을 직접 다루지 않은 작가라고 비판하지만, 울프의 모든 전후戰後 소설들은 우리가 전쟁으로 무엇을 잃어버렸나를 간접적으로 이야기하는 작품들이다.

울프의 시대에 발발한 '대전쟁Great War'은 울프 개인의 정신 병과의 전쟁과 불가분의 관계다. 등화관제 때의 캄캄함, 공습 내내 지하실에 모여 있을 때의 무방비함, 일상 세계가 거꾸로 뒤집힐 때의 이상함, 미지의 힘들이 막무가내로 닥쳐올 때의 공포감에 대해 쓸 때 울프는 공적인 동시에 사적인 경험에 대해 쓰고 있다. 나중에 《댈러웨이 부인》에서 울프는 전쟁 신경증을 앓는 퇴역군인 셉티머스 워렌스미스라는 인물의 머릿속을 상상한다. 리젠트 파크에 앉아서 환각을 보는 인물, 눈에 보이는 모든 곳에서 자꾸 참호의 이미지를 보는 인물이다. 셉티머스가 보는 전쟁의 비전은 정신병자의 환각이기도 한데, 두 가지를 구분할 방법은 없다.

울프에게 《밤과 낮》을 쓰는 일은 자기 자신을 공격해오는 광기를 죽여 없애고자 하는 오랜 노력의 일환이었고(나중에 《댈러웨이 부인》에서는 본인의 광기를 죽여 없애기 위해 셉티머스도 죽여 없애야 했다), 울프의 전쟁은 신중한 계량과 통제의 전쟁이 되었다. 울프는 차분한 생활, 휴식 처방, 식단 관리 앞에서 대개 항복했다. 버터 배급량이 정해져 있듯 울프가 쓸 수 있는 글의 양도 정해져 있었다.

전쟁의 시기는 내핍의 시기(내일 일을 예측할 수 없는 시기, 불안을 떨칠 수 없는 시기)이기도 했다. 레너드가 병역 판정 신체검사에서 부적합 판정을 받은 것은 한편으로 다행스러운 일이었지만, 부부의 고생이 레너드의 건강을 얼마나 손상시켰는지 보여주는 증거이기도 했다.

울프 부부는 최대한 자급자족하겠다는 생각으로 애시엄에 머물렀다. 심약한 사람은 감당하기 힘든, 매일 같이 잡초를 뽑고 거위를 치고 빵을 만들고 쥐와 박쥐와 다람쥐를 막아내야 하는 생활이었다. 버지니아는 이런 일상 잡무와 가사 걱정을 통해 찰스턴(애시엄에서 들판 길로 겨우 몇 마일 거리에 있는 농가)을 임대해서 살고 있는 바네사와 점점 가까워졌다. 새 파트너이자 동료 화가인 던컨 그랜트와 함께 가정을 꾸린 바네사는 클라이브가 마음 내키는 대로 오갈 수 있도록 클라이브의 방을 마련해놓았고, 다른 친구들이 와서 농사일을 돕는 것도 반기고 있었다.

찰스턴의 공기는 버지니아에게 항상 경이와 영감의 원천이 되어주었다. "네사[바네사-옮긴이]가 문명이라는 짐을 내려놓은 듯 아예 누드로 물장구를 친다는 소식"을 바이올렛에게 전하기도 했다. 바이올렛은 바네사의 생활을 탐탁찮아했지만, 버지니아는 오리들과 닭들과 아이들 사이를 종횡무진하는 농사꾼 여편네"인 언니의 모습을 자랑스럽게 그려보였다.6 이런 시끌벅적한 가정생활을 떠올려보는 것만으로도 버지니아는 그저 좋았다. 눈물이 날 만큼 좋다고 바네사에게 털어놓기도 했다. 하지만 버지니아가 레너드와 함께 계획해보는 삶은 그런 가정생활과는 전혀 달랐다.

작은 인쇄기를 한 대 구입할 생각을 하고 있던 두 사람은 1917년 3월에야 겨우 돈을 마련했다. 인쇄기를 구입한 후에는 하루에 몇 시간씩 사용법을 독학했다. 실수 없이 페이지를 완성할 수 있기까지 몇 주가 걸렸다. 하지만 두 사람 다 인쇄기가 주는 독립 생산의 느낌을 사랑했다. 레너드가 수전증이 있는 탓에 식자植字는 일찌감치 버지니아의 몫이 되었다. 세세하게 신경 써야 하는 지루한 일(바네사의 "물장구"와는 완전히 다른 일)이었지만, 울프에게는 만족감을 주는 일(가시적 성과가 있다는 점에서 사실상의 테라피)이었다.

사실 인쇄기의 가시적 성과는 울프의 글에 완전히 새로운 차원의 자율성을 선사한다는 데 있었다. 울프는 출판의 자유(쓰고 싶은 글을 써서 자력으로 출판할 수 있는 자유)를 맛보면서 흥분했고, 그때의 흥분을 일련의 회오리치는 단편소설(발판 없이 뛰어올라 허공에 패턴을 그리는, 공중제비 묘기 같은 작품들)에서 드러냈다. 벽지의 흐릿한 얼룩을 가지고 무슨 이야기를 할 수 있을까? 울프는 "온갖 이야기"를 할 수 있다고 말해주려는 듯, 어쩌다가 거기에 그런 얼룩이 생겼나에 대한 공상을 펼친다. 얼룩 그 자체는 그리 중요하지 않다(얼룩의 정체는 결국 달팽이로 판명된다). 중요한 것은 얼룩을 가지고 무엇을 생각할 수 있느냐다.[7]

울프는 단편소설들을 통해 외적 사실에서 내적 삶으로의 중대한 이동을 단행한다. 생각이 실체가 된다. 예컨대 〈쓰지 않은 소설〉의 화자는 기차에서 한 여자의 맞은편에 앉아 머릿속으로 그 여자의 일대기를 생각해본다. 그 여자의 얼굴에 깃든 슬픔을 설명해줄 만한 맥없고 쓸쓸한 생활의 디테일이 하나하나 떠오른다.[8] 기차는 이스트본에 도착하고, 그 여자는 플랫폼에서 아들을 만나 행복한 얼굴로 함께 떠난다. 화자에게 그 여자는 모르는 사람, 알 수 없을 사람이다. 외적 사실을 가지고 사람을 설명하기란 불가능하다. 그저 계속 추측해보는 것이 가능할 뿐이다.

일기의 리듬

울프의 삶에서 새로운 형식의 픽션으로 이행한 시기가 일기의 리듬을 정착시킨 시기였다는 것은 우연이 아니다. 그전까지는 울프도 많은 사람들과 마찬가지로 1월에 일기를 쓰기로 결심하거나 휴가 중에 여행지 일기를 쓰는 정도였다. 하지만 1917년 10월에 시작된 일기는 평생 이어졌다. 초반의 일기는 있었던 사실을 적어놓는 짧고 앙상한 글이었지만, 일기의 내용은 곧 충만해졌다. 특히 사람들에 대한 묘사가 두드러졌고, 배급량 제한이 풀린 듯 문장 수가 두 배, 세 배 늘어났다. 한동안 울프는 티타임 직전에 일기

를 썼지만, 티타임에 와 있는 사람들에 대한 글을 쓰고 싶어지는
탓에 순서를 조정해야 했다. 사람들이 돌아가자마자 펜을 집어드
는 순서였다.

버지니아는 본인의 일기가 은밀한 사생활의 기록이라고는 생
각지 않았고, 레너드에게 공동 일기를 제안하기도 했다. 레너드의
짤막하고 실무적인 일기를 읽다보면 왜 공동 일기가 성공하지 못
했는지 알 것도 같지만, 어쨌든 버지니아는 줄곧 일기 속에 레너
드의 글을 넣고 싶어 했다.

울프는 일기를 쓰기 시작하면서 미래의 본인이 읽을 것을 염두
에 두었다. 50세의 버지니아 울프와의 대화를 상상해보기도 했다.
하지만 시간이 가면서 다른 사람들도 일기의 독자가 될 수 있음을
깨닫게 되었다. 유명해질수록 그 인식도 강해졌다. 예컨대 울프가
W. B. 예이츠William Butler Yeats나 T. S. 엘리엇Thomas Stearns Eliots을
만났을 때의 이야기를 읽다보면, 작가가 후세를 위해서 그 순간을
창조해내고 있다는 놀라운 느낌을 받게 된다. 병에서 비롯된 권
태, 굴욕, 공포에 대한 이야기를 거의 찾아볼 수 없다는 데도 놀라
게 된다. 울프 본인도 언제나처럼 왜일까 궁금해 했고, 그 이유를
"자신에게까지 성공한 작가로 보이고 싶은 나의 마음"에서 찾기도
했다.9 울프의 인생이 다 담겨 있는 것만 같은 충만하고 방대한
일기다. 물론 울프의 인생 전체가 아니라 울프가 기억에 남기기를
원한 인생이 담겨 있는 일기라는 것은 두말할 필요도 없다.

울프의 일기는 당장은 하찮아 보여도 훗날에는 "먼지덩어리 속
의 다이아몬드"였던 것으로 밝혀질 가능성이 있는 것들을 기록하

려고 애썼다.[10] 이것은 울프의 소설의 발전 과정(감정이 상상도 못했던 장소에서 응어리질 수 있음을 인식하면서 하찮은 것들의 의미를 탐색하는 과정)과도 밀접한 관련이 있었다. 울프에게 일기는 소설과 마찬가지로 삶의 덧없음에 저항하는 방법들 중 하나였다. 하루하루가 기록도 없이 그냥 흘러간다는 생각이 울프에게는 상실감의 원천이었다. "삶이라는 수돗물이 그냥 허비된다는 것"은 생각조차 하고 싶지 않은 울프였다.[11]

버지니아가 기록하고 싶어 하는 일 중에는 외적으로 보면 아무것도 아닌 일들도 있었다. 버지니아에게 더없이 행복한 하루는 더없이 조용한 하루인 경우가 많았다. 버지니아와 레너드는 일과표를 준수함으로써 모종의 생산성을 확보하는 하루하루에서 커다란 기쁨을 느꼈다. 보통 열 시부터 한 시까지는 두 사람이 각자의 작업에 몰두하는 시간이었다. 이때가 버지니아에게는 불가침의 집필 시간이었다(매일 아침 식사를 마치고 곧바로 서재로 들어간 버지니아는 우선 담배 한 대와 함께 첫 문장을 시험하는 "조율"의 시간을 가졌을 것이다). 식후는 버지니아의 산책 시간이었다(오전에 쓴 글을 곱씹어보는 시간이었을 것이다). 오후는 출판물을 인쇄하거나 출판할 원고를 읽는 시간이었다. 종종 손님과 함께 차를 마시는 것도 이 시간이었다. 저녁은 역사와 문학을 탐독하면서 내일 쓸 글을 준비하는 시간이었다. 1922년 어느 목요일의 하루 일과를 완수한 버지니아는 그 날을 가리켜 "아름다운 서랍들을 아름답게 조립해서 만든 완벽한 캐비닛 같은" 날이었다고 했다.[12] 버지니아에게 깊은 만족감을 안겨준 하루였다.

이렇게 일과를 완수할 수 있었던 하루는 애시엄에 머물면서 런던의 온갖 방해 요소들을 멀리할 수 있는 기간 중 하루인 경우가 많았다. 그러니 집주인으로부터 당장 6개월 뒤에 계약을 해지하겠다는 통보를 받은 것이 울프 부부에게는 상당한 충격일 수밖에 없었다. 하지만 1919년 7월의 울프 부부는 애시엄에서 그리 멀지 않은 로드멜에 가서 상당한 흥분 속에 집 경매에 참여했다(집은 로드멜의 가장 외진 지역에 서 있는 비막이 판자 코티지였다). 700파운드로 집을 낙찰 받는 데 성공한 울프 부부는 가구와 집기를 말수레 두 대에 나눠 싣고 애시엄에서 이사를 나왔다. 이사 소식을 전하는 버지니아의 편지에는 만족감이 어려 있었다.

"주소지는 몽크스 하우스Monk's House예요. 이제 두 번 다시 집을 옮기지 않을 거예요. 우리 정원 바로 옆에 공동묘지가 있는데, 우리 부부가 묻힐 자리도 벌써 표시해놨어요."13

병적 감정에서 나온 말이 아니라 평화롭게 계속 살 수 있는 자기 집이 생겼다는 깊은 만족감에서 나온 말이었다.

결혼 초기에 유목 생활을 원했던 울프 부부였지만, 두 사람이 런던과 서식스에서의 정주 생활을 사랑한다는 것은 두 사람의 결혼 생활을 특징짓는 중요한 사실 중 하나가 되었다. 이후 울프 부부는 여러 가지 방식으로 유목민의 자유를 모색했지만, 두 사람 다 방랑자 성향은 아니었다. 두 사람이 서식스에 꾸리는 가정(시골 주택, 넓은 정원, 전원 풍경)은 언제나 부부 생활의 뿌리가 되어주었다.

도시와 시골의 두 집을 왔다 갔다 하는 것을 호사스럽다고 말할 수도 있겠지만, 로드멜의 몽크스 하우스는 사실 호사와는 거리가 멀었다. 정원에서 쏟아져 들어온 빗물은 온 집 안을 물바다로

—
오톨린 모렐.

가싱턴의 파티에서 휘황찬란하게 차려입고 주최자 역할을 근사하게 수행하는 오톨린 모
렐이 울프에게는 '영락없는 스페인 무적함대'처럼 느껴졌다. 이렇듯 울프는 오톨린을 두고
농담을 하기도 했지만, 오톨린의 팬으로서 그녀와의 우정을 매우 중시하기도 했다.

만들면서 부엌문으로 흘러나갔고, 밤에는 쥐들이 침대 안으로 뛰어 들었다(침대 안에 있던 쥐들이 뛰어 나오기도 했다). 방문하고자 하는 사람들에게는 원시적 생활 환경에 대한 경고가 주어졌다. 위엄 있는 오톨린 모렐Ottoline Morrell이 몽크스 하우스의 노천 변소를 이용한다는 것은 상상하기 힘든 일이었다.

몽크스 하우스의 점진적 개선은 줄곧 자부심의 원천이었다(한 작품으로 벌어들인 돈이 한 공간의 리모델링 비용으로 지출되기도 했다). 부엌이 개조되고, 정원에 집필용 별채가 마련되었다. 버지니아는 시골 생활에서 변함없는 기쁨을 느끼고 있었다. "평탄한 습지를 거니는" 오후에는 오전에 쓴 글을 곱씹으면서 다운스 구릉의 초록 비탈들이 색조를 바꾸는 모습을 관찰했다. 모든 것을 단단히 붙잡아 글로 옮겨놓고 싶어 했다.

"하나라도 놓칠까봐 안절부절이다."14

나이든다는 것

"삶이라는 수돗물"은 그렇게 울프의 일기와 편지를 채워나갔다. 한 사건이 세 통의 편지와 한 편의 일기로 옮겨지는 경우도 종종 있었다(그런데도 똑같은 문장은 거의 나오지 않는다). 그중에는 화려한 가십도 많았다. 울프에게 가십이란 아껴두었다가 중요할 때 사용해야 하는 고액 화폐 같은 것이었다. 값비싼 가십이라면 똑같이 값비싼 가십과 교환되어야 했다. 울프는 바네사에게 "내 머릿속에는 항상 언니를 위한 가십 지갑"이 있다고 말하기도 했다. 항상 두둑한 지

갑이었다.[15]

그중 대부분은 런던의 '1917 클럽'('러시아 혁명'에서 따온 이름)에 모이는 친구들에 관한 가십이었다. 오후 시간에는 나이든 사람들이 한쪽 구석에 앉아 젊은이들의 가십을 엿듣기도 했다. 울프는 이제 "나이든" 쪽이었고, 마흔에 가까워지면서 확실히 중년이라고 느끼고 있었다. 바지를 입고 머리를 짧게 자른 젊은이들을 품평하면서 아량과 비판을 오가기도 했다. 예컨대 바버라 하일스는 똑똑하고 현대적이고 준비된 젊은이인 듯했지만, 그때의 준비는 정확히 무엇을 위한 준비였을까? 울프는 "정작 행동은 없다"라는 말로 그런 회의감을 표하기도 했다.[16]

세대를 초월한 연애 사건도 없지 않았다. 예컨대 색슨 시드니터너Saxon Sydney-Turner가 바버라와 불운한 사랑에 빠졌을 때는 울프가 말려들었고, 리턴 스트레이치, 도라 캐링턴, 청년 랠프 파트리지가 불편한 삼각관계에 빠졌을 때는 모두가 말려들었다. 울프는 다른 사람들, 다른 세대들의 결정을 지켜보는 것을 좋아했다. 바네사의 자녀들을 관찰하면서 그들이 앞으로 만들어갈 사회는 어떤 사회일까 궁금해 하기도 했고, 줄리언과 이야기하면서 "옛 시대의 일을 새 시대의 뇌에게" 건네고 있다는 느낌을 받기도 했다.[17]

시선은 미래를 보고 있었지만, 마음은 과거에 대한 의리를 저버리지 않았다. 절친했던 바이올렛 디킨슨과의 깊은 우정은 끝난 지 오래였지만, 편지 왕래는 죽을 때까지 계속되었다. 바이올렛이 자신을 위해서 해준 일을 버지니아는 끝까지 잊지 않았다. 바이올렛이 《밤과 낮》을 칭찬하는 편지를 보내왔을 때는 "내가 그때 죽지

않고 살아남아 글을 쓰게 된 건 당신 덕분"이었다는 다정한 답장을 보내기도 했다.[18]

살아남았다는 것은 변했다는 뜻이었다. 자신의 과거를 수시로, 그리고 꼼꼼히 반추하는 울프에게 자신의 과거를 반추하는 일은 자신이 얼마나 변했나를 가늠하는 일이었다. 40년의 삶에서 무엇을 보여줄 것인가? 울프가 언제나 자신의 성과를 확인했던 것은 바로 이 질문에 답하기 위해서였다. 1921년 봄의 울프에게 콘월로 가는 길은 떠나온 장소로 돌아가는 귀로였다.

"나는 지금 '추수한 곡식'을 안고 간다."[19]

팬들과 추종자들이 생겼다는 것을 울프 자신도 느낄 수 있었다. 울프는 이미 두 권의 소설을 출간하고 또 한 권의 출간을 기다리고 있는 작가였다. 미국에서도 책이 출판되고 있었고, 독자는 점점 늘어나고 있었고, 15년간 꾸준히 서평을 발표한 이력도 있었다. 요컨대 버지니아 울프는 상당한 힘을 가진 작가였다. 한편 레너드도 출판·강연·정치 활동으로 그 어느 때보다 바쁜 시간을 보내면서 성공의 이력을 만들어나가고 있었다.

부부 사이에는 충만한 생활 방식이 정착되어 있었다. 자신과 레너드는 꽃이고 친구들은 꽃을 찾아오는 꿀벌들이며, "우리 부부의 달콤한 향기가 아직도 온갖 꿀벌들을 불러 모으고 있는 듯하다"는 것이 울프의 우스운 상상이었다."[20]

두 사람에게 중년은 그간의 노고를 보상 받는 시기였다. 이제 모자 가게에 당당히 걸어 들어가 점원의 눈을 마주보면서 쓰고 싶은 모자를 꺼내달라고 말할 수 있게 되었다는 것이 버지니아의 감회였다. 성대한 야회에 초대받는 일도 많아졌다. 발레 공연을 관람한 후 뒤풀이 파티에 초대받은 적도 있었고(시트웰 일가가 마련한 파티였던 것 같다), 가싱턴의 손님으로 일주일을 묵은 적도 있었다(오톨린은 "돛을 활짝 펼친 스페인 무적함대의 모습"이었다).[21] 버지니아는 주인공이 된 느낌을 즐기면서 "이제 파티에 가면 마치 유명인이 된 기분"이라고 말하기도 했다.[22] 실제로 유명인이었다.

기억을 공유할 수 있다는 것도 나이 드는 즐거움 가운데 하나였다. 각자의 과거를 서로에게 들려주는 '비망 클럽'이라는 모임이 만들어지기도 했다. 정찬과 대화의 시간을 보내다가 회원 한두 명의 원고 낭독을 즐기는 모임이었다. 원고는 모임용으로 특별히 작성되었고, 원고의 어조는 주로 향수였다. 비망 클럽의 향수는 부모 세대(회고 취미에 젖어 있던 빅토리아 시대)와의 연결 고리였지만, 비망 클럽의 회고는 전적으로 현대적인 회고(《마우솔레움 북》과는 전혀 다른 종류)였다. 비망 클럽의 기조는 추문과 웃음이었고, 건배사에는 항상 아슬아슬하게 선을 넘는 폭로가 담겨 있었다. 울프가 만나는 비망 클럽 회원들은 토비의 친구들이었던 사람들, 토비가 죽은 뒤에도 울프에 대한 의리를 저버리지 않는 사람들이었다.

울프는 그중에서 특히 색슨 시드니터너와 리턴 스트레이치를 좋아했다. 오빠에 대한 사랑과 분리될 수 없는 감정이었지만, 오빠와 무관하게 자라난 감정이기도 했다. 울프와 색슨의 관계는 울프가 색슨과 속내를 나누는 친구가 되고 싶어 하면서 상대의 반응을 기다려주는 관계였다. 반면에 버지니아와 리턴의 관계는 서로의 재능을 알아보고 서로 경쟁하는 관계였다. 리턴이 《빅토리아

—
마크 거틀러 Mark Gertler, 〈**가싱턴의 연못**The Pond at Garsington〉, 1916.

가싱턴의 레이디 오톨린 모렐은 화가 마크 거틀러의 패트런이었다. 거틀러는 블룸스버리
그룹과 가까운 사이였고, 전시에는 양심적 병역 거부자였다.

시대의 명사들》을 써서 문학계의 유명인이 된 때는 버지니아 울프의 이름이 알려지기 한참 전인 1918년이었다. 버지니아와 리턴의 라이벌 관계는 두 사람 다 자극이 되었다.

리턴은 엄청난 성공작이 된 빅토리아 여왕의 전기를 버지니아에게 헌정했는데, 버지니아는 리턴의 헌사에 기뻐하면서도 자기도 《빅토리아 여왕》 못지않은 성공작을 쓰고 싶어 했다. 당시에 화려한 불꽃놀이처럼 선풍적이었던 리턴의 인기에 비하면 같은 1921년에 나온 버지니아의 단편소설들은 제대로 터지지 못한 "젖은 폭죽"이었다.23 하지만 후세(최소한 지금)의 평가는 완전히 다르다. 지금의 평가에 따르면 《빅토리아 여왕》은 품위 있고 완성도 높은 작품일 뿐이지만, 버지니아 울프의 단편소설들은 무려 문학사의 새 장을 연 작품이다.

경쟁상대들

리턴이 울프의 유일한 경쟁상대는 아니었다. 울프는 《제이콥의 방》(실험적 단편들에서 발전해나온 책)을 써나가면서 처음으로 동시대 작가들을 의식하기 시작했다. 울프와 캐서린 맨스필드Katherine Mansfield는 까칠하고 어색하면서도 강렬한 우정을 나누는 사이였다. 맨스필드의 단편소설들이 울프에게는 더 야심만만한 작품을 내놓으라는 도전이었다. 울프는 맨스필드의 중편소설 《서곡 *Prelude*》(호가스출판사의 초기 출판물)의 식자공이었고, 맨스필드는 자의식을 내려놓게 되는 흔치 않은 순간 버지니아에게 우정의 마음("맙

소사, 버지니아 당신을 내 친구라고 생각하고 싶은데요”)[24]을 담은 편지를 썼다. 이 편지에서 맨스필드는 “당신에게 아무 의구심 없이 이 도시의 자유”를 선물하고 싶다고 했지만, 두 사람은 종종 서로에게 의구심과 수세적 태도와 공격적 의도를 내보였다(상대방에게서 그런 면을 보았다고 생각하기도 했다).

실제로 맨스필드는 《밤과 낮》을 냉정하게 평가하는 등 매서운 비판도 서슴지 않았다. 같은 목표를 지향한다고 느끼면서도 바로 그 느낌 때문에 서로를 더 경계하는 두 사람이었다. 두 사람의 대결에는 왠지 으스스한 친밀감이 깃들어 있었다. 울프 맨스필드와 대화하면서 “내가 한 말이 그 사람의 마음에서 울리고 1초 만에 다시 내게 닿는 것만 같은 더없이 기묘한 느낌”을 받기도 했다.[25]

T. S. 엘리엇이 손님으로 오기 시작했지만 ‘미스터 엘리엇’이라는 호칭은 바뀌지 않았다. 두 작가가 상대방을 불편해하지 않게 되는 데만도 긴 시간이 걸렸다. 울프는 엘리엇과 친구가 되기를 원했지만, 두 사람이 친구가 된다는 것은 까다로운 일이었다. 울프는 “40세에 친구가 되었다면 그건 어떤 관계일까?”[26]라는 울프의 자문에는 엘리엇이 자기를 하대한다는 느낌, 관계가 거꾸로 된 듯한 느낌도 섞여 있었다(울프가 엘리엇보다 나이도 더 많고 작가로서의 입지도 더 확고했다). 그렇게 서로를 경원시하는 두 사람이었지만, 두 사람 사이에는 모종의 연대 관계가 있었다. 엘리엇이 은행 일을 그만두는 데 필요한 돈을 모금하기 위해 엄청난 수고를 자청한 것이 바로 울프였다. 두 사람의 대화에서 “우리”라는 말이 등장하기 시작했다. 봄에 해머스미스로 가는 택시 뒷좌석에서 울프가 엘리엇

—
버지니아 울프와 조카 안젤리카 벨.

1942년에 안젤리카와 결혼한 데이비드 가넷(David Garnett)은 한때 던컨 그랜트의 애인이었다. 안젤리카 가넷이 1984년에 펴낸《친절의 기만*Deceived with kingness*》은 블룸스버리 그룹에 대한 비판을 담은 회고록이다.

에게 "우리는 키츠만큼 좋은 글을 쓰지는 못해요"라고 했을 때는 엘리엇이 "아니에요, 우리 글이 더 좋아요"라고 말하기도 했다.[27] 여름에 호가스 하우스에 손님으로 온 엘리엇은 울프 부부 앞에서 《황무지 *The Waste Land*》를 낭독했다. 울프는 "노래였다고 할까 성가였다고 할까 음악이었다고 할까"라는 말로 《황무지》의 의미에 의구심을 표현하면서도, 자신의 마음을 건드리기 시작하는 《황무지》의 불명료한 힘을 느끼고 있었다.[28]

울프가 더 어렵게 느낀 부분은 제임스 조이스 James Joyce가 동시대의 거장이라는 엘리엇의 평가였다. 울프로서는 전혀 동의할 수 없는 평가였다. 울프는 《율리시스 *Ulysses*》를 연재 초기부터 꼼꼼히 읽어온 독자로서 《율리시스》의 기법적 성과를 인정했지만, 울프가 보기에 《율리시스》는 섣부른 곡예와 저속한 자기과시로 가득한 소설, 육체에 상당한 관심을 두면서도 감각적 기쁨을 전할 줄 모르는 소설이었다. 프루스트의 소설에서 느낄 수 있는 "몸의 기쁨"을 조이스의 소설에서는 전혀 느끼지 못하는 울프였다.

울프는 이렇듯 1920년대 초에 조이스와 프루스트를 읽고 상반된 평가를 내림으로써 자신이 어떤 글을 쓰고 싶은가에 대한 대답을 찾을 수 있었다. 프루스트는 울프의 신경을 한 올 한 올 자극하면서 "놀라운 전율과 농후함과 강고함"을 안겨줄 수 있는 작가, 울프의 입에서 "아아, 이런 글을 쓰고 싶다!"라는 탄성이 나오게 만드는 작가였다.[29] 《율리시스》에 대한 울프의 반응은 다른 방식으로 육체적이었다. 울프는 《율리시스》의 저자를 "여드름을 긁는 역겨운 학부생"에 비유할 정도로 《율리시스》에 육체적 반감을 느

끼고 있었다.[30]

　그럼에도 조이스가 대수롭지 않은 작가가 아니라는 것은 울프도 잘 알고 있었다. 《제이콥의 방》 작업이 벽에 부딪혔을 때는 "내가 지금 하고 있는 이걸 미스터 조이스는 나보다 더 잘 해내고 있다"라며 자괴감을 느끼기도 했다.[31] 울프가 《제이콥의 방》 작업을 잠시 중단하고 〈여자들〉이라는 글을 구상했던 것은 그런 강한 남자들에 맞서 병력을 집결할 필요를 느꼈기 때문이었을지도 모른다.[32]

《제이콥의 방》

확실한 목표를 향해 나아가는 울프였지만, 산다는 것은 늘 낭떠러지를 내려다보면서 좁은 다리를 건너는 일처럼 생각되었다. 떨어지지 않게 조심해야 했다. 잘 산다는 것은 좀더 넓은 다리인 만큼 떨어질 위험은 그만큼 적었지만 낭떠러지가 사라지는 것은 아니었다. 바네사와 아이들이 오면 온 집안은 한동안 활기와 대화로 가득해졌지만 바네사가 돌아간 후 혼자 책상 앞에 앉아 눈물을 흘리기도 하는 울프였다.

　1921년에는 내내 건강이 위태로웠다. 소설의 출간이 가까워진다는 생각이 건강을 더 악화시킨 것은 그때도 마찬가지였다. 의사들은 매달 새로운 진단을 내리면서 울프를 인플루엔자 환자에서 심장병 환자로, 그리고 다시 결핵 환자로 바꾸어놓았다. 치아 세 개를 뽑아 팔뚝에 치근에서 추출한 '미생물' 주사를 놓기도 했다.

로저 프라이, 〈E. M. 포스터〉, 1911.

포스터와 울프는 30년 지기 친구였다. 울프는 비평가로서 포스터의 글에 유보적 태도를 표했지만, 작가로서 포스터의 비평을 매우 중시했다.

무엇이 문제인지 아무도 몰랐다(그것은 지금도 마찬가지다). 자기가 병이라는 림보에서 허비한 시간을 다 합치면 최소한 5년이라는 울프의 계산은 그리 틀리지 않았다. 삶이라는 수돗물이 허비되는 모습을 그저 지켜볼 수밖에 없는 울프였다. 마흔 번째 생일을 앞둔 울프는 E. M. 포스터Forster에게 "내가 마흔 살이 아니라 서른다섯 살이라는 것을 명심해주시고, 나한테 서른다섯 살의 나잇값을 기대하지도 말아주세요"라는 당부를 전하기도 했다.33 하지만 울프의 성과는 서른다섯 살의 작가로는 물론이고 마흔 살의 작가로도 대단했다. 작업을 마무리한 것은 1921년 11월이었고, 자기 출판사에서 출간한 것은 1922년 10월이었다. 1922년은 문학사에서 아주 특별한 연도 중 하나다. 《황무지》와 《율리시스》가 이 해에 나왔고, 《제이콥의 방》이 나온 것도 바로 이 해였다.

《제이콥의 방》은 주인공을 찾는 장면, 제이콥의 형이 바닷가를 달리면서 "제이-콥! 제이-콥!" 하고 소리치는 장면으로 시작된다.34 독자는 제이콥을 발견하지만 그것은 잠시뿐이다. 소설 속의 제이콥은 나이를 먹고 대학교에 입학하고 사랑에 빠지는데, 제이콥에 대한 이야기를 들려주어야 할 화자가 자꾸 제이콥을 놓친다. 화자는 제이콥의 초상을 확실하게 보여주는 대신 혼잡한 곳에 끼어 있거나 긴 줄에서 기다리고 있는 제이콥을 엿보게 해주거나 제이콥을 화제에 올리는 사람들의 이야기를 엿듣게 해줄 뿐이다. 〈쓰지 않은 소설〉 속의 여자 승객과 마찬가지로 제이콥도 다른 사람들에 의해 관찰되고 구성될 뿐이다.

역시 웃기면서 감동적인 기차 장면에서 제이콥은 미시스 노먼이라는 노부인의 맞은편에 앉게 된다. "남자들이 위협적이라는 것은 기정사실"인 만큼 미시스 노먼은 비상 신호 줄을 찾아 초조하게 두리번거린다. 하지만 서서히 제이콥의 외모를 "읽을 수 있게 되면서" 자기 아들을 좀 닮은 것 같은 "진지하고 주변을 의식하지 않는" 청년, 한번 이야기해보고 싶은 청년이라고 생각하게 된다. 하지만 그순간 제이콥은 케임브리지에서 내려 자신의 길을 간다.[35]

《제이콥의 방》은 이렇듯 경험의 작은 조각들로 가득 채워져 있지만, 그럼에도 유령 소설 전전의 세계를 불러내는 무심하고 서정적인 목소리는 자기가 부르는 노래가 추모가라는 것을 반쯤 알고 있는 것만 같다. 떠들썩한 소리들이 들려오다가 서서히 침묵 속에 사라진다. 케임브리지에서 만찬을 즐기는 시간에는 접시들이 달그락거리는 소리, 사람들이 웅성거리는 소리가 밤공기를 타고 들려오지만, 제이콥이 살던 방에는 이미 아무도 없다. 달밤의 철문이 "연녹색 바탕의 레이스"처럼 빛날 뿐이다.[36] 런던에 밤이 오면 대영박물관의 돔지붕이 희미하고 고요하게 내려앉는다.

"차가운 뼈가 뇌의 비전들, 뇌의 뜨거움 위로 내려앉듯이."[37]

제이콥이 여행하는 그리스에서는 "어둠이 칼날처럼 뚝 떨어진다."[38]

제이콥의 엄마가 있는 영국에서는 포탄 소리가 들려오는 것 같다. 다음 장에서 제이콥의 엄마는 죽은 아들의 신발 한 켤레를 들고 있다.

울프는 《제이콥의 방》을 펴내면서 자신이 하고 싶었던 말에 겨우 가까워졌음을 느꼈다. 《제이콥의 방》은 다음 작업으로 가는 길을 열어주는 실험작일 뿐이라는 것을 사람들에게 거듭 밝히기도 했다. 울프는 이미 새로운 소설을 본격적으로 진행하면서 새로운 형식을 모색 중이었다. 앞으로 나아가면서도 현재를 붙잡고 싶었다.

"정말 바쁨. 정말 행복함. 한마디만 할까. 시간이여, 게 섰거라."[39]

5

두 가지 힘

더 깊숙하게

울프가 스페인에 있는 친구 제럴드 브레넌Gerald Brenan에게 긴 성찰의 편지를 쓴 것은 1922년 크리스마스였다. 한 해를 되돌아보면서 과거의 성과를 정리하고 현재의 동력을 소명하는 편지였다. 울프는 이런 결산의 순간들(주로 연말, 아니면 책 출간을 앞둔 시점)에 큰 의미를 부여했다. 자신의 소설들에 형식이 있듯 자신의 인생에도 형식이 있기를 바라는 마음이었다. 1922년 연말의 울프는 지금 자신에게 서로 다른 두 동력이 작용하고 있다는 것, 지금의 선택이 자신의 중년을 좌우하리라는 것을 느낄 수 있었다.

"내가 잘 할 수 있는 것에 집중해보려고 할 때도 있지만, 그렇게 안전한 작은 테두리 안에 있는 나를 바깥으로 끌어내서 소용돌이 속에 빠져들게 하는 어떤 힘이 있는 게 아닐까, 그런 힘을 발휘하는 사람들이 있는 게 아닐까 자문해보기도 합니다."[1]

당시의 울프는 힘든 노력 끝에 성공을 거머쥔 작가였고, 사회적으로 성공한 헌신적인 남편이 있었고, 참 많은 친구가 있었고, 리

—
바네사 벨, 〈대화〉(〈세 여자〉), 1913~16.
"말소리는 한마디도 들리지 않지만 미술관 전체가 대화들로 가득하다."
버지니아 울프가 1934년에 쓴 언니의 전시회 소개문 가운데 일부다.

치먼드에 큰 집이 있었다. 울프는 "작은 테두리"의 경이로운 총체성을 묘사하는 일을 평생 멈추지 않았지만, 자신을 둘러싼 테두리를 벗어나기 위한 노력 또한 그 후 10년간 멈추지 않았다. 주요 소설 네 권을 써냈고(네 권은 속속 출간되었지만 각각의 소설은 먼저 소설과는 전혀 다른 완전히 새로운 작법을 시도하는 대단히 위험한 도박이었다), 새 친구들을 만나 사랑에 빠졌다. 소용돌이 속에 뛰어들어 허우적거렸고 살아나면 다시 뛰어들었다.

안전한 테두리 밖으로 나가야겠다는 생각에서 나온 즉각적·실제적 결과는 집을 다시 런던 중심가로 옮겨야 한다는 생각이었다. 레너드는 버지니아의 건강을 위해서라는 이유로 리치먼드를 고집하면서 집을 도심으로 옮겼을 때 벌어질 수 있는 일들(밤늦은 만찬, 무수한 손님, 피로, 발병 등등 두 사람이 함께 겪었던 위험한 소용돌이)을 늘어놓았다. 사실 레너드는 호가스출판사를 사랑했고, 밤에 파티에 다니고 싶은 마음도 별로 없었다.

레너드가 리치먼드를 고집할수록 버지니아는 함정에 빠진 느낌이었다. 버지니아는 이사를 건 싸움을 인생을 건 싸움으로 바라보기 시작했다. 9년간 교외에 나와서 살고도 런던으로 돌아갈 수 없다는 것은 인생을 그냥 허비하는 것이나 마찬가지라는 괴로운 심정이었다.

울프는 "사람들 사이로 모험을" 떠나고 싶었고, "뛰어들 용의"도 있었다.[2] 그런 모험에서 환희와 위험의 관계를 숙고해본 것은 집필 중인 소설을 통해서였다. 어느 맑은 아침, 클라리사 댈러웨이가 런던의 중심가로 걸어 들어간다. 그저 꽃집에 가는 것뿐이고 어떻게 가야 하는지도 잘 알고 있지만, 그럼에도 "산다는 것, 런던이라는 것, 6월의 이맘때라는 것"에 한껏 들떠 있다.[3]

클라리사

《댈러웨이 부인》은 파티를 주최하는 사교계 여성을 다룬다. 고상한 사교계 파티를 겁내는 작가가 골랐다기에는 좀 이상한 소재다. 울프가 클라리사의 모델로 떠올린 인물 중 하나는 스티븐 일가의 친구였던 키티 맥스Kitty Maxse(한창 젊을 때 사교계를 주름잡던 인물)를 떠올렸다. 스티븐 일가의 자매들이 허름한 블룸스버리로 집을 옮겼을 때 차갑게 멀어진 당당하고 차분하던 사람이었다. 그런데 그랬던 사람이 1922년에 자기 집 난간에서 떨어져서 세상을 떠났다. 수수께끼 같은 죽음, 자살일 수도 있는 죽음이었다. 그 사람의 이미지("백발, 발그레한 뺨, 꼿꼿한 앉음새, 목소리")가 울프에게 매우 강력하게 되살아났다.[4] 댈러웨이 부인에 대한 일련의 단편소설을 쓰고 있던 울프는 키티가 세상을 떠나고 며칠 뒤에 그 단편소설들이 한 편의 소설로 수렴하는 것을 알 수 있었다.

울프는 주인공 때문에 걱정이 많았다. 클라리사에게 "너무 뻣뻣한 면, 너무 반짝이 장식 같은 면"이 있다고 느껴졌을 때는 책을 거의 포기할 뻔했다.[5] 문제가 해결된 것은 울프가 기억들과 감정들이 묻혀 있는 지하 동굴들로 뚫고 들어갈 방법(울프의 표현을 빌면 "터널")을 찾았을 때였다.[6] 울프는 자신과는 너무 다른 클라리사라는 인물을 좀 싫어하고 있었지만, 그럼에도 자기가 작가로서 품고 있는 느낌(한순간 세상을 뜻있는 형체로 반죽해내고 있다는 느낌)을 클라리사에게 투영하고자 했다. 쿠션과 교양이라는 완충재로 가득한 클라리사의 응접실에서 삶의 더럽고 끔찍한 모든 것들을 어떻게든 이야기할 수 있어야 했다. 울프는 브레넌에게 편지를 쓰면서 그 과제를 정리해보았다.

"응접실의 사람들이 삶을 구성하는 모든 것을 놓고 대화를 나누는 소설, 때로 머리털을 곤두서게 할 정도의 대화가 오가기도 하는 소설, 그런 응접실 대화가 전부인 소설, 그런 소설을 쓰려면 어떻게 해야 할까요?"[7]

물론 울프의 예술은 응접실에서의 손님 접대가 아니라 글쓰기였지만, 울프는 대부분의 파티에서 주인공이 되고 싶어 했다. 파티를 놓친 경우에는 상상으로 즐길 수 있었고(1925년에 자기가 주최한 파티를 놓쳤을 때도 파티의 주인공이었을 자신의 모습을 상상하면서 아쉬움을 달랠 수 있었다), 그런 방법으로 실망의 위험을 차단할 수도 있었다.

"파티에서의 내 모습을 상상하면서 침대에 누워 있었어요. 앞으로도 그냥 이런 방법으로 파티에 가야겠어요. 그러면 내 모습이 정말 근사하고 행복하고 아름답거든요."[8]

울프는 가십을 사랑했고 사람들의 관계망을 사랑했고, 관계망 속에서 가면을 쓰게 되는 다양한 방식(교태 어린 사교술 또는 던컨 그랜트가 집 안에서 연출하곤 했던 리스케 발레risqué ballets의 크로스드레싱 또는 드라마틱한 대화)을 사랑했다.

울프는 자신이 사람들을 압박하거나 고무할 수 있다는 것에 흐뭇해했다. 울프가 사교계의 명사가 될 위험에 직면했음을 보여주는 간헐적 신호들에도 흐뭇해했다. 클라이브의 파트너였던 메리 허친슨Mary Hutchinson이라는 화려한 여자는 울프에게 메이크업에 관해 조언해주었고(울프의 은밀한 동물원 어휘에 따르면, 클라이브와 허친슨은 "한 쌍의 잉꼬"였다),《보그Vouge》편집자 도로시 토드는 울프의 쇼핑을 대신해주고 싶어 했으며, 포기를 모르는 시빌 콜팩스는 울프에게 계속 만찬 초대장을 보내왔다.

하지만 그 모든 신호들보다 울프를 더 흐뭇하게 하는 것은 표면에 드러나지 않는 오랜 관계들이었다. 각자 전혀 다른 삶을 살아가고 있는 옛 친구들을 때마다 한 장소에 모아주는 보이지 않는 끈이 있다는 것이 울프에게는 그저 놀라울 뿐이었다. 울프가 모종의 공동체에 속해 있다는 깊은 흐뭇함을 느낀 것은 어느 파티 다음 날 아침에 부스스한 얼굴로 벨 부부, 파트리지 부부와 아침식사를 하면서였다. '블룸스버리'가 실제로 그런 공동체였을 수 있다는 느낌을 그웬 라베랏에게 편지로 전하기도 했다.

"인생을 지성만 가지고 시작한 여섯 명이 이만큼 성공할 수 있었던 데는 나름의 이유가 있지 않을까요. (중략) 이것을 성공이라고 할 수 있다면 모종의 견고한 인생관을 구축했다는 의미에서 성공이 아닐까 싶어요. (중략) 20년이 지난 지금까지 우리를 이렇게 모이게 해주는 것이 바로 그 인생관이니까요."⁹

앞으로 쓰게 될《파도》를 예고하는 편지였다. 울프가 선택한 삶은 서로 돈독한 애정을 나누는 사람들과 함께 하는 삶이었고,《파도》는 그런 공동체를 향한 깊은 갈망에 기댄 소설이었다.

더 과감하게

1923년 가을에 이사를 건 싸움에서 승리한 버지니아는 레너드와 함께 들뜬 마음으로 집을 보러 다닌 끝에 타비스톡 스퀘어Tavistock Square 52번지를 10년 기한으로 임대했다. 1820년대에 지어진 5층짜리 타운하우스였다. 1층과 2층은 어느 법률 회사가 이미 사용 중이었고, 울프 부부는 거주 공간과 작업 공간으로 3, 4층과 지하층을 따로 사용해야 했다. 지하층을 차지한 것은 점점 확장되는 호가스출판사의 미로 같은 사무실들, 그리고 뒤쪽 당구실을 개조한 울프의 서재였다. 울프는 여기저기 쌓여 있는 호가스출판사 원고들 사이에 놓여 있는 망가진 안락의자에서 무릎에 칠판을 올려놓고 가스불로 몸을 녹이면서 웅크린 채 일에 몰두했고, 원고를 찾으러 들어온 편집부 조수는 울프를 방해하지 않기 위해 최대한 조심하면서 원고들 사이를 오갔다. 반면에 3층과 4층으로 올라가면 그랜트와 벨이 그린 판넬화로 장식된 응접 공간들과 망가지지 않은 안락의자들이 있었고, 창밖으로는 세인트 판크라스 교회의 '창백한 종탑'이 바라다보였다.

버지니아의 펜 끝에서 런던 찬가가 흘러나오기 시작했다. 런던에서 보는 달마저 리치먼드에서 보았던 달보다 생생했다. 자신이 런던을 그토록 사랑한다는 것이 버지니아 자신에게도 놀라울 지경이었다. 밤마다 벽난로 앞에서 친구들에게 들려줄 수 있는 이야깃거리가 십 년치 정도 쌓여 있다는 느낌이었다. 타비스톡 스퀘어 52번지는 예전에 항상 지나다니던 건물이었다. 고든 스퀘어와 아주 가까웠고, 조금만 걸어 나와도 아는 사람들과 마주칠 확률이

THE HOGARTH PRESS

52 TAVISTOCK SQUARE, LONDON, W.C.1.

AUTUMN ANNOUNCEMENTS

1924

—

호가스출판사의 1924년 가을 신간 안내 책자(바네사 벨의 드로잉).

울프 부부는 명망이 높고 영향력이 큰 출판사를 경영하는 전문 출판인이었다. 1924년에 호가스출판사에서 나온 책으로는 지그문트 프로이트의 《논문 선집 *Collected Papers*》 1권과 2권, 호가스 에세이 시리즈 중 버지니아 울프의 《미스터 베넷과 미시스 브라운》, 비타 색빌웨스트의 《에콰도르의 유혹자들》이 있었다.

높았다. 작업 중에 한숨 돌리고 싶으면 시간대에 상관없이 외출할 수 있는 집이었다.

제자리로 돌아온 느낌, 잠시 끊어졌던 삶을 다시 이어나가는 느낌, 스티븐 일가가 하이드 파크 게이트를 떠난 1904년에 시작되었던 "이야기를 다시 이어나가는" 느낌이었다.[10] 자신의 과거가 바로 가까이에 와 있는 것만 같았다. 우연히 들려온 소리 하나가 옛날 기억들을 불러낼 수 있을 정도의 가까움. 마찬가지로 문이 끼익 열리는 소리 하나가 클라리사 댈러웨이에게 어릴 때 살던 집의 기억, 문을 열어젖히고 뛰어나가던 기억을 떠올려주면서 모든 것을 새로 시작하던 그때의 느낌을 똑같이 되살려준다.

"즐거워라! 첨벙 뛰어드는 기분!"[11]

1924년 봄에 울프의 마음이 젊음을 되찾았다는 느낌으로 벅차오른 것은 과거의 기억 때문이기도 했지만 미래에 대한 기대 때문이기도 했다. 울프의 소설에 열광하는 팬이면서 유서 깊은 가문의 품격을 풍기는 서른 살의 귀족 작가 비타 색빌웨스트는 점점 울프를 자주 찾아오기 시작하는 손님들 중 하나였다. 비타는 온 세상을 거침없이 활보하는 듯한 여자였다. 대저택 놀Knole에서 자랐고 어른이 되어서도 항상 그곳의 분위기를 몰고 다니는 여자, 크로스드레싱으로 유명한 바이올렛 트레푸시스Violet Trefusis와의 도피행각으로 세간의 화제가 되었던 여자, 그 여자가 이제 버지니아의 집 앞에 와있었다.

진지한 대화, 호사에 대한 경멸, "슬리퍼와 담배연기와 번 빵과 초콜릿"을 특징으로 하는 블룸스버리의 생활이 비타에게는 낯설

기만 했다. 훗날 비타는 블룸스버리를 "글룸스버리Gloomsbury[우중충한 블룸스버리gloomy Bloomsbury-옮긴이]"라고 부르기도 했다.[12] 비타가 와 있을 때는 로드멜의 몽크스 하우스가 "무너진 축사"로 보일 만큼 이질적인 삶을 사는 두 사람이었다.[13] 하지만 비타가 버지니아 울프에게 구애 중이라는 것은 틀림없는 사실이었다. 호가스출판사에서 출간된 비타의 소설 《에콰도르의 유혹자들》은 버지니아에게 헌정되었다. 《에콰도르의 유혹자들》이라는 이국적인 제목 밑에 자신의 이름이 찍혀 있는 것을 본 버지니아는 "어린아이가 눈부신 것을 사랑하게 되듯" 비타를 사랑하게 되었다.[14]

울프는 이렇듯 중년에 비타와 새로운 관계를 맺으면서 이국적인 기분을 맛보기 시작했다. 오랫동안 언니 바네사의 파란만장한 성생활을 그저 지켜봐왔던 울프는 곧 언니에게 보내는 편지 속에 성애적 암시를 슬쩍 흘려 넣는 방식으로 이 새로운 관계를 십분 활용했다. 다른 친구들에게 보내는 편지 속에서도 비타를 소재로 한 판타지(비타가 "1300년부터 오늘날까지의" 영국사를 현현하는 인물로 등장하는 이야기)를 펼치면서 픽션과 진심 사이를 감질나게 오갈 수 있었다.[15] 프랑스에 있는 자크 라베랏에게도 바로 그런 편지를 보냈다.

"우리끼리 하는 말이지만, 이분이 나를 다음 번 도피 행각의 파트너로 선택하게 만들고 싶어요."[16]

물론 이때의 도피 행각은 상상과 언어의 차원에서 존재할 뿐, 현실적으로 울프에게는 오랜 친구들에 대한, 특히 레너드와 함께하는 삶에 대한 흔들리지 않는 애정이 있었다. 9월의 어느 날 저녁의 울프는 일기에 "그래 맞아. 나는 비타가 좋아"라고 쓰면서 동시에 레너드가 일을 마치고 돌아오기를 기다리면서 창밖을 내다보기도 하고 발소리가 날 때마다 귀를 쫑긋거리는 그리즐(울프 부부의 개)을 바라보기도 했다.[17]

《보통의 독자》

이때 새로 생긴 자신감은 《댈러웨이 부인》의 필요불가결한 동력이 되었다. 6월의 어느 날 하루 동안 한 도시 안에서 돌아다니는 두 인물을 따라갔다는 점에서는 《율리시스》를 향한 분명한 반박이었다. 호가스출판사에서 펴낼 《황무지》의 식자 작업을 직접 진행한 것도 바로 이 소설을 집필 중일 때였다. 울프는 이렇듯 한편으로는 《댈러웨이 부인》이라는 소설을 통해 동시대 작가들의 도전에 맞설 필요를 느꼈고, 다른 한편으로는 《보통의 독자 The Common Reader》라는 비평서를 통해 비평가(단순한 저널 서평자가 아닌, 자기만의 목소리를 가진 에세이스트)로서의 평판을 굳힐 필요를 느꼈다. 울프는 비교적 길게 썼던 저널 서평들을 뽑아 단행본용으로 "재단장"한 것은 그 때문이었다. 그때까지 발표했던 여러 글을 엮어 문학의 효용을 이야기하는 일관된 작품을 만들 생각이었다. 애초의 제목은 《보통의 독자》가 아니라 《독서》였다.

재료가 될 만한 글이 이미 많이 있는데도 어마어마하게 야심찬 글을 굳이 몇 편이나 새로 썼던 것은 생동감을 잃고 싶지 않아서이기도 했지만, 생동하는 에너지를 주체할 수 없기 때문이기도 했다. 호메로스, 아이스킬로스, 에우리피데스, 소포클레스를 읽어나간 2년의 시간이 고스란히 〈그리스어를 모른다는 것에 관하여〉라는 글 한 편에 들어갔다. 학교 교육을 못 받은 작가의 방어적 태도가 드러나는 제목인 것 같지만, 실은 그런 인상을 노린 레드헤링red herring이다. 고전문헌학 교수나 일반 독자나 진짜 그리스어를 모르는 것은 마찬가지고, 아테네에서의 공연 실황을 본 적이 없는 것도 마찬가지다. 독자를 그때 그곳으로 데려다줄 수 있는 것은 학술적 연구라기보다는 상상력이다.

《보통의 독자》는 초서가 사는 황량하고 냉랭하고 질척한 중세 잉글랜드의 세계와 애디슨이 사는 매끄러운 표면의 세계를 넘나들기도 하고, 위인들의 전기와 '무명 여성들의 일대기'를 넘나들기도 한다.[18] 이 책에서 울프는 한편으로는 작품의 배경을 그려 보이면서 특정하게 실재했던 삶의 질감과 온도를 느끼게 해줌으로써 우리를 과거의 작품에 접근하게 해주지만 다른 한편으로는 우리와 과거를 갈라놓는 차이와 의혹을 그대로 드러내 보인다. 울프의 모든 소설이 등장인물의 성격에 대한 이야기라면 《보통의 독자》에 실린 모든 에세이는 문학작품의 성격에 대한 이야기다. 《등대로》에서 릴리 브리스코는 미시스 램지를 생각하면서 자문해 본다.

"그이는 어디가 달랐을까? 그이가 두고 간 장갑 한 짝의 접힌 손가락을 보고 그이의 장갑이라는 걸 확실히 알 수 있었다면, 그건 그이의 어디가 달라서였을까? 그이의 영혼이 달라서였을까?"[19]

마찬가지로 《보통의 독자》에서 울프는 자신이 펼치는 모든 책

—
블룸스베리에서 공연 중인 발레리나 리디아 로포코바의 모습.
디아길레프의 유명 발레단 '발레 뤼스'와 함께 런던에 온 리디아 로포코바는 고든 스퀘어
에서 파티가 열릴 때 여러 차례 춤을 선보였고, 1925년에 메이너드 케인스와 결혼했다.

에게 똑같은 질문을 던진다. 톨스토이, 대니얼 디포, 에우리피데스의 글 두세 쪽만 읽고 그 작가라는 것을 확실히 알 수 있다면, 그건 그 작가의 어디가 달라서일까?

생과 사의 공존

울프에게 《보통의 독자》와 《댈러웨이 부인》을 쓰던 시간은 그 어느 때보다 행복한 시간이었지만, 그 행복의 아슬아슬함을 느껴야 하는 시간이기도 했다. 1923년 1월을 기점으로 기분의 극단적 기복이 거의 정형화되었다.

1월 초순에는 고든 스퀘어에서 메이너드 케인스의 주최로 주현절 파티가 열렸다. 어느 모로 보나 신화로 만들어지기에 좋은 파티였다. 리디아 로포코바가 춤을 추고 월터 시커트가 햄릿을 연기하는 파티, 모두의 재능이 눈부시게 빛나는 파티였다. 버지니아는 톡톡 터지는 샴페인 거품 같은 짜릿한 기쁨을 느꼈다. "엄마의 레이스"를 걸치고 부모 세대와 자기 세대의 차이점들을 생각하면서 부모 세대도 이렇게 즐거운 시간을 보낸 적이 있었을까 자문해보기도 했다.[20]

하지만 울프가 파티를 즐기고 있을 때, 캐서린 맨스필드는 죽음을 앞두고 있었다. 1월 중순에 부고가 왔고, 울프는 곧 자신이 쓰고 있는 글이 공허해지는 느낌이었다.

"캐서린은 이걸 읽어줄 수 없겠구나."[21]

흰 화환을 쓴 캐서린의 모습이 계속 눈앞에 어른거렸다.

—
엄마의 드레스를 입고 있는 버지니아 울프.

모리스 벡, 헬렌 맥그레거가 찍은 사진으로,《보그》(1924)에 실렸다. 버지니아는 1923년
의 주현절 파티에서도 줄리아의 드레스를 입었지만, 파티에서 입은 옷은 사진 속의 옷과는
달랐고 파티 분위기도 좀더 흥거웠다. 부모 세대도 자기 세대처럼 즐거운 시간을 보냈을까
자문해본 것도 그 파티에서였다.

행복과 고통은 계속 함께 찾아왔다. 마음은 새로운 계획을 세우고 달려 나가는데 몸은 독감과 고열에 붙잡혀 있었다. 동생 에이드리언의 결혼 생활이 무너지는 것을 지켜보는 동안에는 슬프고 괴로운 마음이었다. 성공을 거머쥔 입장이었지만, 언니의 가정생활을 부러워하는 마음도 여전히 그대로였다(언니의 가정에는 환하고 안전한 테두리가 있고 자신은 주변을 겉도는 아웃사이더일 뿐이라는 느낌이었다). 울프에게는 항상 삶과 죽음이 서로 싸우고 있다는 의식이 있었다. 모친의 기일에 과거의 기억("눈물을 감추는 척하면서 얼굴을 가렸지만 사실 그때 내가 감춘 것은 웃음이었다는 사실 같은 것")을 잠시 떠올려보기도 했지만, 바로 다음 순간에는 "죽음 이야기는 이제 그만하자, 중요한 건 삶이니까"(그즈음에 써낸 에세이 〈몽테뉴〉의 한 구절)라는 말로 그때의 기억을 차단하기도 했다.22 울프가 원한 것은 "추진하고, 생각하고, 계획하고, 상상하는" 삶이었다.23

이렇듯 40대 초반의 버지니아 울프에게는 주인공이 되었다는 느낌과 겉돌고 있다는 느낌, 기운이 넘친다는 느낌과 당장이라도 병에 걸릴 수 있다는 느낌이 공존하고 있었다. 나이를 먹고 자리를 잡았다는 느낌과 겨우 출발선에 선 젊은이 같은 느낌도 공존하고 있었다. 울프는 자기 자신의 여러 버전을 함께 받아들이면서 그런 차이들을 《댈러웨이 부인》의 틀로 삼았다. 《댈러웨이 부인》의 구조는 울프가 그때껏 썼던 글을 통틀어서 가장 독창적인 구조라는 것을 울프 자신도 알고 있었다. 서로 어울리기 힘든 이질적인 요소들을 나란히 전개할 수 있는 구조였다. 클라리사 댈러웨이는 자신의 하루를 살아가면서 자기의 파티를 열고, 퇴역군인 셉티머스 워렌스미스는 같은 날 런던에서 참호의 환각에 시달린다.

울프는 셉티머스라는 인물을 상상하면서 자신이 병을 앓던 때의 경험을 되살려내고 있었다. 《밤과 낮》을 쓸 때의 울프는 겨우 눌러놓은 병을 다시 떠올리지 않기 위해 최선을 다해야 했지만, 이제는 병을 다시 떠올릴 만한 힘이 있었다. 그 "미친 부분"을 써내는 작업을 하면서 극도의 동요를 경험한 경우도 여러 번 있었다. 예컨대 어느 비 오는 날 저녁에 기차역으로 레너드를 마중 나갔을 때였다. 레너드를 만나지 못한 울프는 한순간 외로움에 빠지면서 "오래된 악마"와의 싸움이 다시 시작되었다고 느꼈다. 나중에 레너드가 매킨토시 차림으로 나타나서 그날 있었던 일을 들려주었고, 울프는 거의 광희에 가까운 안도감을 경험했다. 일단 안전해졌지만, "그 이면에 뭔가 끔찍한 것이 있었다."²⁴ 그로부터 한 해 뒤인 1924년 10월, 울프는 건강한 몸으로 《댈러웨이 부인》을 끝내는 쾌거를 올렸다. 병을 글로 옮겨냄으로써 병을 이겨낸 경우였다.

클라리사와 셉티머스는 서로 모르는 관계, 서로 만나지 않는 관계다. 두 사람의 삶은 같은 시간대에 같은 도시에서 같은 비행기를 올려다보고 같은 햇빛에 눈부셔한다는 사실 하나로 겨우 이어져 있을 뿐이다. 《댈러웨이 부인》은 두 패널을 맞붙인 두폭화라고 할까, 두 그림을 잇는 경첩 같은 것은 없지만 두 그림 사이에는 보이지 않는 선들이 있다. 각자의 삶을 살아가는 클라리사와 셉티머스는 소설의 구조로 연결되어 있다. 매우 위험한 전략이었다. 다른 작가였다면 두 사람을 오래전에 연락이 끊긴 친척 사이로 설정하

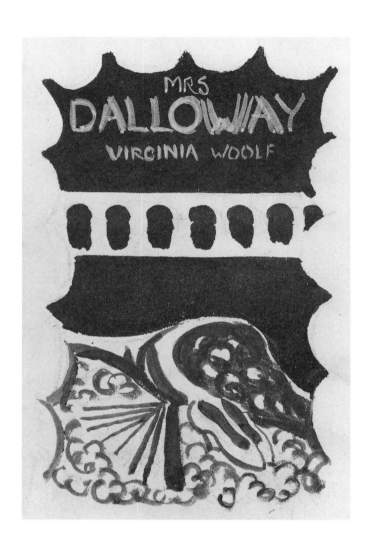

—
《댈러웨이 부인》의 표지 디자인(1925).

바네사 벨은 동생의 네 번째 소설《댈러웨이 부인》의 표지 디자인을 직접 담당했다.

든가 하다못해 두 사람이 대화를 나누는 대목을 집어넣든가 하는 식으로 두 사람 사이에 접점을 만들었을지도 모르지만, 울프는 그런 쉬운 길을 택하지 않았다.

한 젊은 남자가 자살했다는 이야기를 들은 클라리사는 파티 중에 잠시 자리를 비운다. 모르는 남자의 죽음에 대한 선명한 상상에 사로잡혔던 클라리사는 잠시 후 죽음에서 부활한 듯 파티장으로 돌아온 손님들이 클라리사의 모습을 본다. 클라리사가 "거기 서 있었으니까."[25] 두 사람의 묘하게 뒤얽힌 운명을 이야기하는 이 책의 제목에는 한 사람의 이름만 들어가 있다. 그 이름은 책이 끝날 때 거기 서 있던 생존자 클라리사의 이름이다.

울프는《댈러웨이 부인》을 수정하는 동안 오랜 친구였던 화가 자크 라베랏에게 따뜻하고 긴 편지를 보내고 있었다. 자크의 아내는 판화가 그웬 라베랏이었고, 부부가 함께 프랑스에 살고 있었다. 다발성 경화증 때문에 펜도 쥐기 힘든 상태였던 자크는 그웬의 대필로 버지니아에게 편지를 보내고 있었다. 버지니아는 주로 블룸스버리의 가십을 생생하게 요약하는 답장을 보내주면서《댈러웨이 부인》의 교정쇄까지 보내주었다. 버지니아가 레너드가 아닌 사람에게 작업 중인 교정쇄를 읽게 해준 때는 그때뿐이었다. 셉티머스의 죽음이 너무 충격적이라고 생각한 그웬은 남편에게《댈러웨이 부인》을 읽어주면서 그 대목을 뺐다.

울프는《댈러웨이 부인》을 자크에게 헌정할 생각이었지만, 자크의 부고가 타비스톡 스퀘어로 날아온 것은 자크의 의사를 물어보기도 전인 3월이었다. 4월에는《보통의 독자》가 출간되었고 그로부터 3주 후에는 《댈러웨이 부인》이 출간되었다(울프가 한 해 전에 세운 야심찬 계획의 정확한 실현이었다). 그 몇 달 간 울프는 파티장에서 많은 시간을 보내면서 삶에 매달려 죽음을 떨쳐내고자 했다. 하지만 그러면서도 그웬에게 편지를 쓰는 일과 자크를 추모하는 일을 소홀히 하지 않았다. "대화가 잠시 끊어진 것뿐"이라는 느낌이었다.[26] 살아 있는 사람들이 죽은 사람들과 얼마나 가깝게 이어져 있는지 너무나 잘 알고 있는 울프였다.

6

"이게 바로 그거였어"

테라피로서의 《등대로》

과거와의 대화는 계속되고 있었다. 울프의 머릿속에 문득 소설 한 편의 형태가 떠오른 것은 평소처럼 타비스톡 스퀘어를 산책하던 1925년 봄의 어느 날이었다. 울프의 다른 많은 소설의 경우와 마찬가지로, 그렇게 떠오른 형태가 끝까지 유지되었다. 울프는 산책에서 돌아오자마자 노트에 "H" 모양(*"두 개의 직사각형이 한 개의 선으로 연결된" 모양*)을 그렸다.[1] 과거, 중간 휴지休止, 다시 이어지는 이야기, 이렇게 세 부분이었다. 이 단순한 구조가《등대로》의 플롯이자 요점이었다.

울프 자신도 인정했듯이《등대로》는 가족력의 유령들을 잠재우는 작업이었다.

"아주 빨리 쓸 수 있었고, 다 쓰고 났을 때는 엄마 강박에서 벗어날 수 있었다. 엄마의 목소리는 이제 안 들리게 되었고, 엄마의 모습도 안 보이게 되었다."[2]

아빠에 대한 기억도《등대로》를 통해 달라졌다.

"아빠의 유령은 아직 나타나지만, 나타나는 방식은 달라졌다."3

부모에 대해서 쓰는 과정(울프의 표현에 따르면 정신분석과 흡사한 과정)이 울프의 정신 속에서 부모가 차지하는 비중을 조금이라도 줄일수 있었느냐 하면 그렇지는 않았지만(울프는 나중에 소설《세월》에서, 그리고 회고록〈과거의 스케치〉에서도 계속 부모에 대해서 쓰게 된다), 울프가《등대로》를 통해 자신과 이 두 강력한 인물 사이의 관계를 제어할 수 있게 된 것만은 분명하다.

울프에게 미스터, 미시스 램지를 그리는 일은 곧 자기 부모를떠올리는 일이었다. 울프는 램지 부부에 대해 씀으로써 한 아이의시선으로 자기 부모에 대한 기억을 되짚을 수 있었다(좀더 정확하게 말하자면, 연령이 다양한 8남매의 시선을 통해서 한 아이가 한 가정에서 서서히 커가는 느낌을 따라갈 수 있었다). 하지만 아이가 부모를 안다고 할 때 그 앎은 감정적·과장적·의존적 앎인 만큼, 울프는 미스터, 미시스 램지를 아이의 시각뿐 아니라 어른의 시각으로, 곧 어른이 어른을 이해하는 데 필요한 안정적·공감적 시각으로도 보기를 원했다. 마흔네 살이 된 울프가 중년이 된 부모의 초상을 그림으로써 부모와대면한 것이다. 바네사는《등대로》를 읽자마자 이 초상의 중요성을 깨달았다.

"장성해서 엄마와 동등해진 내가 엄마를 만난 것 같아."4

자신의 부모를 바라보는 일은 자기 자신의 이런저런 면을 돌아보는 일이었다. 떨쳐버려야 할 면도 있었고, 좋든 싫든 떨쳐버릴수 없는 면도 있었다. 예컨대 울프가 미스터 램지라는 자기밖에모르는 인물(허공을 헤매고 양팔을 내밀고 시를 인용하고 진리를 추구하는 인물)

—
줄리아 잭슨(결혼 후 줄리아 스티븐)의 사진(1867).
줄리아 스티븐의 이모였던 줄리아 마거릿 캐머런이 찍은 사진. 버지니아 울프는 자신의 작품에 등장하는 인물들에게 어머니의 모습을 투영시켰다.

을 비웃을 때, 그것은 아빠에 대한 거리두기이기도 했지만, 자기 자신에 대한 아이러닉한 거리두기이기도 했다. 물론 울프가 영국의 위인들의 전기를 알파벳 순서로 써나갈 사람은 아니었고, 자기 자신의 사고 과정을 A에서 Z까지의 논증 과정으로 파악할 사람도 아니었다. 하지만 미스터 램지가 자기 작업에 강박적으로 헌신하는 모습은 그대로 울프 자신의 모습이고, 미스터 램지가 보여주는 야심, 기벽, 보호 받고 싶어 하는 마음, 자기 삶을 머리에 떠오른 인용문에 맞게 조율하는 습관 등도 모두 울프 자신의 것들이다.

램지 부부의 결혼 생활을 그리는 일은 자신의 결혼 생활을 들여다보는 일이기도 했다.《등대로》를 쓴 시기가 비타 색빌웨스트와의 관계가 가장 깊어졌던 시기였던 것도 사실이고, 소설이 연애 덕분에 더 뜨거워진 것도 사실이지만,《등대로》와 비타는 별개의 이야기였다("안 돼요, 읽지 말아요, 이건 우리를 갈라놓는 유령이에요").5 《등대로》에 영향을 미친 쪽은 새로운 연인관계라기보다는 오랜 부부관계였다. 비타와의 깊은 관계는 레너드와의 삶이 만족스럽다는 것을 확인하는 계기였고, 비타와의 관계가 깊어진 시기는 울프의 일기에서 감동적인 결혼 찬가가 울린 바로 그 시기였다.

울프는 한편으로는 결혼생활의 꽤 많은 부분이 그저 무의식적으로 굴러가게 됨을 인정하면서도 다른 한편으로는 그렇게 무의식적으로 공유된 경험이 켜켜이 쌓여 있음으로 인해 그토록 영롱한 "감각의 이슬방울"이 간간히 맺힐 수 있는 것이라는 말로 결혼의 '일상성'을 옹호했다.6 버스를 함께 탈 때, 편지를 함께 개봉할 때, "만찬파티 후에 망가진 의자에 나란히 앉아서 '당신도 여기가 편하지?'라는 말을 주고받을 때"의 소소한 행복을 찬양하기도 했다.7 이런 이야기가 《등대로》의 여러 장면(예컨대 만찬파티가 끝나고 손님들이 모두 돌아간 뒤 미스터, 미시스 램지가 한숨을 돌리는 밤 장면)의 배경이 되었다.

비전으로서의 《등대로》

하지만 《등대로》에 릴리 브리스코라는 인물이 등장하는 만큼, 램지 부부의 결혼생활에서 울프의 입장은 내부인보다는 외부인에 가깝다(물론 울프가 릴리를 통해서 흔한 예술가의 초상을 그리고 있는 것은 아니다). 《등대로》의 초기 원고에서 화가 릴리는 한구석에서 생울타리를 사생하는 부수적 인물로 등장했을 뿐이지만, 완성 원고에서는 소설의 중심에서 전체를 조율하는 인물, 곧 미시스 램지가 아들과 함께 집에서 계단에 앉아 있는 모습을 화폭에 담아냄으로써 자기 자신을(그리고 자신과 램지 가족과의 관계를) 이해해보고자 하는 인물로 등장한다.

울프가 미시스 램지를 딸의 입장에서 보고 있는 만큼 릴리와 미시스 램지를 모녀 관계로 설정했더라면 이야기가 훨씬 쉬웠을 텐데, 울프는 다른 입장을 선택했다. 그것이 정확히 어떤 입장인지를 정리하기는 쉽지 않다. 릴리는 램지 가족의 일원이 아니라 램지 가족의 친구다.

릴리와 미시스 램지를 연결하는 끈은 강력하면서도 모호하다. 릴리가 미시스 램지에게 성애적 차원에서 끌리고 있다고 추측해

—
바네사 벨, 〈레너드 울프의 초상화〉, 1925.

버지니아는 1925년 6월의 일기에서 레너드와 함께 하는 일상을 찬양한다.
"얼음을 함께 만들 때, 편지봉투를 함께 뜯을 때, 만찬파티 후에 망가진 의자에 나란히 앉
아서 '당신도 여기가 편하지?'라는 말을 주고받을 때의 행복을 방해할 수 있는 건 없겠지?"

볼 여지도 없지 않지만(이 관계는 울프가 비타에게 끌리고 있었던 것과 관계가 있다), 울프는 두 사람 사이의 관계를 끝까지 모호하게 남겨둔다. 울프가 릴리라는 인물을 의도적으로 모호하게 남겨두는 만큼, 독자는 이 예술가의 삶에 대해서는 전혀 알 수 없다.

울프의 오랜 불안들이 릴리의 초상에 투영되어 있다. 릴리는 아이가 없고, 가정의 다망한 생활에서 배제되어 있다. 비판에 예민하게 반응하면서 줄곧 미스터 램지가 자신을 공격하고 책망한다는 느낌에 시달리기도 한다. 하지만 마지막에 승리하는 사람은 미스터 램지가 아니라 릴리다. "바로 이게 내가 본 비전의 완성이다"라고 말하는 사람은 미스터 램지가 아니라 릴리다.[8]

릴리가 자신의 그림을 마무리하면서 머릿속에 떠올리는 것은 미스터 램지가 등대에 가닿는 모습이다. 릴리의 마지막 붓질은 릴리 자신의 여정을 마무리하는 동시에 미스터 램지의 여정을 마무리한다. 《파도》의 여러 등장인물들이 작가 버나드의 상상 속에서 삶을 이어나가는 것과 마찬가지로(마지막에 작가 한 사람이 모두에게 목소리를 선사한다), 《등대로》의 모든 등장인물들은 화가 릴리의 상상 속에서 최종적으로 한데 모여 순간적으로 조화를 이룬다.

릴리의 '비전'은 매우 단순하다. 릴리가 본 것은 미시스 램지가 계단에 앉아서 바느질을 하는 모습이다.

"그이가 거기 앉아 있었다."[9]

《댈러웨이 부인》의 결말에서 죽음을 이기고 파티장으로 돌아온 클라리사의 메아리다.

"그이가 거기 서 있었으니까."[10]

—

레슬리 스티븐(1900).

울프는 《등대로》에서 자신이 부친에 대해 이야기할 때 어떤 어려움이 있었는지를 1927년 5월, 비타에게 쓴 편지에서 설명했다.

"나는 아빠를 닮은 아이였던 것 같아. 그래서 아빠한테 더 비판적이었는지도 몰라. 그래도 존경할 만한 사람이었고, 어떤 면에서는 대단한 사람이었던 것 같아."

바로 이런 단순한 사실에 감정적 무게를 실을 수 있다는 것이 울프의 특징이자 강점이다. 울프는 어떤 면에서는 복잡미묘한 작가지만, 울프가 늘 추구하는 것은 아무 군더더기 없는 더없이 단순한 문장이다. 완성을 앞둔 릴리에게 남은 일은 화폭의 중심에 선 하나를 긋는 것뿐이다. 하지만 그 선은 바로 그 선이어야 한다.

"계단에는 이제 아무도 없었고 그림은 아직 어렴풋했다. 갑자기 맹렬한 기세로, 마치 그 선이 한순간 눈앞에 나타나기라도 한 듯, 릴리는 거기에, 중심에 한 선을 그었다."[11]

울프는 이런 분명함의 경험들을 설명할 수 있는 모종의 철학을 마련하고자 애쓰고 있었다. 어렴풋했던 것들이 아주 잠시 분명해지는 충격적이거나 계시적인 순간들을 울프는 살면서 계속 경험해오고 있었다. 타비스톡 스퀘어를 산책하던 중에 《등대로》의 형태를 갑자기 매우 분명하게 감지할 수 있었던 때로부터 1년이 지난 1926년 2월의 어느 날 밤, 블룸스버리를 산책하던 중에 하늘을 올려다보면서 자기가 보고 있는 달과 비타가 있는 페르시아의 하늘에 떠 있을 달이 같은 달이라는 데 생각이 미치기도 했다. 그리고 그 순간, "저기 뭔가가 있구나, 바로 '그것'이 있구나라는 엄청나고 놀라운 느낌"에 휩싸였다.[12]

다음날 울프는 일기에서 자문해보았다.

"일생일대의 발견이라는 게 있을 수도 있지 않나? 자기가 찾아낸 뭔가를 보면서 '이게 바로 그거였어'라고 외칠 날이 언젠가 올 수도 있지 않나?"[13]

이 질문은 당시에 울프가 집필 중이었던 《등대로》에서 계속 울려퍼지다가《등대로》의 결말에서 릴리의 비전이 절묘하게 긍정되는 방식으로 자연스럽게 해결했다. 하지만 버지니아 울프는 신을 믿지 않는 무신론자였다. '저기 뭔가'가 있다고 느낀 적이 있다 하더라도, 그것은 기독교와는 아무 상관없는 느낌이었다.《등대로》는 부모가 물려준 유산에 대한 이야기였고, 울프의 독실한 무신론은 바로 그 유산의 일부였다. 울프의 양친은 신앙을 잃은 무신론자의 괴로움을 알았던 사람들, 신앙을 대체할 만한 모종의 이성주의 철학을 찾기 위해 분투했던 사람들이었다.

미스터 램지가 등대로 가는 배 위에서 꼿꼿한 자세로 일어서 있을 때, "나 원 참, 저러고 있으니 마치 '신은 없다'라고 외치는 거 같잖아, 하고 제임스는 생각했다."[14] 미스터 램지의 모습이 제임스에게는 좀 우스꽝스러워 보이지만, 그럼에도 이 장면에는 어딘가 영웅적인 데가 있다. 기독교 아이코노그래피를 집요하게 차용해서 일상적·세속적 삶이라는 제단에 바치는《등대로》라는 소설에서 그렇게 강력한 종교적 전류가 흐르는 장면들 가운데 하나다. 아울러 만찬파티 장면은 최후의 만찬을 기념하는 장면이고, 등대로 떠나는 장면은 꼭 필요한 순례 장면이다. 릴리가 그리는 초상화는 '성모 마리아와 아기 예수' 성화라는 오랜 전통에 속해 있지만, 릴리가 선택한 신성한 모델은 성가족Sancta Familia이 아니라 미시스 램지와 제임스 모자다.

그로부터 15년 후, 자서전을 위한 메모를 작성하면서 자기가 느끼는 글쓰기 욕구를 언어화해보려고 애쓰던 울프는 "철학"이라고 해도 좋을 어떤 답에 이르렀다.

완충재 너머에 모종의 패턴이 감추어져 있고, 우리는 이 패턴과 연결되어 있다(여기서 우리라는 말은 모든 인간을 뜻한다). 전 세계가 하나의 예술 작품이다. 《햄릿》은, 베토벤의 사중주는, 우리가 세계라고 부르는 이 거대한 덩어리에 대한 진실이다. 하지만 셰익스피어는 없다. 베토벤은 없다. 단언컨대 신은 없다. 독자인 우리가 곧 문학이다. 청중인 우리가 곧 음악이다. 인간인 우리가 바로 그것이다.15

여기서 울프가 들려주는 등대로 가는 배 위에 서 있는 미스터 램지의 목소리(제임스가 상상하는 목소리)를 들려주고 있다. 여기서는 전혀 우스꽝스럽게 들리지 않는다.

7
작가의 휴일

《올랜도》 혹은 휴일의 코미디

《등대로》가 나온 다음 해인 1928년에 《올랜도》가 나왔을 때, 버지니아 울프의 작품을 사랑하던 많은 팬들은 충격을 받았다. 《올랜도》는 전체적 어조에서 울프의 전작들과는 사뭇 달랐다. 작가인 엘리자베스 보웬Elizabeth Bowen은 훗날 이런 말로 그때의 충격을 전했다.

"《올랜도》라니, 어감부터 마음에 들지 않았다. 장난삼아 쓴 소설 아니면 지인들을 위한 농담 같은 소설이라고 생각했다. 사생활을 소설화하다니, 정말 마음에 들지 않았다."

《올랜도》 이전까지의 팬들에게 버지니아 울프는 가까이 하기 어려운 작가, 개인적 차원 너머에 있는 작가였다.

"우리가 상상했던 울프는 글쓰기를 직업으로 삼은 어떤 여자라기보다 점점 밝아지면서 점점 넓은 세상을 비추어주는 등불 같은 존재였다. (중략) 생존 작가를 그렇게 이상화하기도 어려웠을 것 같다. 하지만 본 적이 없으니 이상화할 수밖에 없었다."[1]

《올랜도》는 그렇게 이상화되었던 작가에게는 어울리지 않는 작품이었다.

추상적 관념을 가지고 울프의 작품을 해석하는 경우가 아직 많지만(불가사의한 해석 관행은 아니다), 울프의 매력 중 하나가 어마어마한 다채로움인 것 또한 사실이다. 6개월에 걸친 원고 수정 작업(두 번째 타자본 작업, 곧 "뇌라는 나사를 강하게 조여야 하는" 작업)을 끝마침으로써 드디어 《등대로》를 완성한 울프는 이제 좀 머리를 식히고 싶었다. 금방 재미 삼아 쓸 수 있는 글을 쓰고 싶다는 마음이었다. "나에게 필요한 것은 현실 도피"라고 느낀 것이 1927년 3월이었고, 줄거리를 구상해본 것은 여름, 집필을 시작할 수 있게 된 것은 가을이었다.[2] 처음에는 "귀족 올랜도"로 등장하는 비타를 포함한 여러 친구들에 대한 책을 쓸 생각이었다.[3] 귀족 올랜도가 책 전체를 차지하게 되는 것은 순식간이었다. 10월의 울프는 "더없이 열광적으로" 급속도로 집필 중이었다. 《올랜도》의 초고가 나온 이듬해 3월의 울프는 "작가의 휴일"을 흐뭇하게 검토하는 중이었다.[4]

이때 이후 울프는 휴식용 작품을 쓰면서 기운을 차리는 경우가 많았다. 《플러시Flush》(엘리자베스 배럿 브라우닝Elizabeth Barrett Browning이 키운 스패니얼을 다룬 전기)는 《파도》의 피로를 풀어주었고, 《막간》은 로저 프라이의 전기를 내려놓을 수 있는 '휴일'이 되어주었다. 하지만 휴식용 작품을 따로 분류할 필요는 없다. 울프의 강도 높은 서정시풍 소설들 속에도 휴일 분위기가 짙게 드리워져 있다. 《올랜도》의 작가를 《등대로》에서도 찾아보겠다고 마음먹는다면, 재기발랄한 사교 코미디를 금방 발견할 수 있다. 《등대로》라는 소설은 정말 많은 측면에서 논의되어왔지만, 풍속 희극의 측면(미스터

—
1840년 즈음, 올랜도로 분장한 비타 색빌웨스트.

울프는 1928년 3월의 한 편지에서 물었다.
"당신은 실존 인물일까? 아니면 내가 만들어낸 인물일까?"

램지가 제라늄의 잎맥에서 전 인류를 발견하는 장면, "이 넥타이 괜찮아 보이나?"라고 물었던 찰스 댄슬리에 대해 로즈가 "맙소사, 괜찮아 보일 리 없잖아"라고 논평하는 장면)에 대한 논의는 거의 없었던 것 같다.[5]

버지니아 울프의 위트는 중독적이면서 공격적이었다. 울프의 조크가 속도를 요구했던 것은 다른 많은 조크와 마찬가지였고, 《올랜도》에서 울프는 "내가 전속력으로 편지를 쓸 때의 속도"를 내고 싶어 했다.[6] 이렇듯 《올랜도》는 처음부터 울프의 쾌속정 같은 편지 목소리(특히 비타 색빌웨스트에게 써보낸 길고 섹시한 희롱 편지들의 목소리)와 연결되어 있었다. 편지 하나하나가 말로 몸을 대신하는 클로즈 리딩 게임이었다.

"이봐요, 당나귀 웨스트, 그 뿔테 안경을 걸치고 행간을 좀 읽어봐요, 내 글 속의 사막 언덕들이 금방 봄의 꽃밭처럼 시클라멘, 바이올렛, 온갖 꽃을 쑥쑥 피워낼 테니까."[7]

바로 이 목소리가 우리를 《올랜도》의 기러기 사냥으로 이끈다. 온갖 꽃들처럼 쑥쑥 피어나는 디테일 사이로 태연하게 흘러가는 어처구니없는 판타지가 종속절만으로 얼마나 빠르게 달려 나가는지, 제발 좀 천천히 가자고 사정할 틈도 없이 그렇게 한참을 뒤쫓은 끝에야 비로소 우리는 한 단락이 끝나는 곳에서 끼를 부리고 있는 점-점-점에 가 닿을 수 있다.

《올랜도》의 코미디가 울프가 쓴 편지들의 코미디와 직결되어 있듯 《올랜도》의 테마들도 울프의 다른 작품들과 복잡하게 연결되어 있다. 《올랜도》는 "농담 반 진담 반"의 어조로 다른 작품들과 똑같은 질문을 던진다.[8] 남자와 여자는 어떻게 다를까? 지나간 시대가 삶을 경험한 방식은 우리 시대가 삶을 경험하는 방식과 같았을까? 우리는 우리 가족의 과거로부터 받는 것은 무엇일까?《등대로》(울프의 가족사 프로젝트)와《올랜도》(비타 색빌웨스트의 조상들을 소재로 한 울프의 판타지)를 이어준다.《등대로》와《올랜도》는 과거라는 유산의 의미를 묻는 책, 처음부터 정해져 있는 것은 얼마큼이고 우리 자신의 손으로 만들어낼 수 있는 우리 자신은 얼마큼인지를 묻는 책이다. 올랜도와 올랜도라는 성을 가진 올랜도의 조상들을 구분하는 것은 불가능하지만, 그럼에도 올랜도는 한 세기가 지나갈 때마다 자기 자신을 다시 만들어내는 한 인간이기도 하다.

《올랜도》가 울프의 앞선 소설들과 연결되어 있는 소설일 뿐 아니라 울프의 유명한 문체를 대놓고 조롱하는 소설이라는 사실은 울프의 자신감을 보여주는 신호다. 예컨대,《올랜도》에는《등대로》의 〈시간이 지나고〉 부분에 대한 패러디도 포함되어 있다(《올랜도》 전체가 친구들로부터 받은 집필 과제, 곧 "쏜살같이 날아가는 시간"을 "시간의 경과"로 표현해보라는 과제의 리프 연주라고 말할 수도 있다).

올랜도는 울프가 여러 가지 방식으로 자기 패러디를 시험해본 소설, 곧 비타의 캐리커처를 그려본 소설이었다. 올랜도의 손님으로 온 위대한 시인 닉 그린Nick Greene은 만찬석상에서 자기 병에 대해 늘어놓기도 하고 서툰 프랑스어 억양으로 작가의 명예를 들먹이고 동세대의 다른 모든 작가들을 묵살하기도 하는 구질구질한 인물로 그려진다(그렇게 묵살당하는 작가들이 바로 셰익스피어, 크리스토퍼 말로, 존 던John Donne이다). 울프는 자기가 그런 식으로 조이스를 묵살했다는 자각이 있었고, 비타의 시를 무시했던 기억도 있었다(올랜도는 결국 그린의 장광설을 끊고 올랜도 자신의 글을 화제 삼는 데 실패하지만, 그럼에도 묘한 매력을 느끼면서 계속 귀를 기울이는데, 그린이 먼저 시골생활에 질려 떠난다). 런던으로 돌아온 그린은 에그컵(잉크병의 대용품)에 적신 펜으로 자신이 그렇게 신세를 졌던 시골 지주 올랜도를 풍자하는 글을 쓰기 시작한다.9

《올랜도》 혹은 우정과 사랑의 편지

《올랜도》는 "내 모든 친구들의 윤곽"을 그린다는 애초의 구상과는 다른 책이 되었지만(애초의 구상이 뻗어나간 책이《파도》였다),《올랜도》의 형태를 잡는 데는 리턴 스트레이치와의 오랜 우정이 크게 작용했다. 두 사람은 장장 20년간 서로 자랑하고 서로 선수치고 누가 성적 충격 가치가 큰지 서로 경쟁해온 사이였다. 성별 전환 판타지라는 소재는 '남색' 공개라는 스트레이치의 유명한 일화와 승부를 겨뤄볼 만했고, 500년의 일대기라는《올랜도》의 형식은 스트레이치가《빅토리아 시대의 명사들》에서 사용함으로써 논란을 불러일으킨 형식(한두 개의 의미심장한 일화로 여러 권의 분량의 빈틈없는 디테일을 대체하는 형식)과 승부를 겨뤄볼 만했다.

　스트레이치는《트리스트람 샌디Tristram Shandy》같은 글을 써야 하는 울프가 그동안 소설의 소재를 잘못 선택해왔다고 생각하고 있었는데, 울프가《올랜도》에서 시도한 것이 바로《트리스트람 샌디》같은 글이었다. 울프는 1926년에 로렌스 스턴Laurence Sterne의 희극적 서사시《트리스트람 샌디》를 다시 읽으면서 가짜 서문, 가짜 색인, 흥미로운 공백, 외설적 말장난, 자료에서 가장 중요한 문장을 알아볼 수 없게 훼손시키는 우연 등등을 끼워 넣는 기법을 빌렸다. 트리스트람이 태어나는 데 어려움을 겪는 인물이라면, 올랜도는 영원히 죽을 것 같지 않은 인물이다.

이런 의미에서 《올랜도》는 리턴에게 써보내는 답장이었지만, 무엇보다도 《올랜도》는 비타에게 써보내는 긴 공개 편지였다. 울프는 두 사람의 관계에서 가장 친밀했던 국면이 막 끝나갈 때《올랜도》를 쓰기 시작했다. 버지니아에게 모종의 장기적인 성적 연애관계를 약속 받을 수 없음을 깨달은 비타가 버지니아와의 관계를 충실히 유지하면서도 자기가 원하는 종류의 안정적인 친밀함을 확보하기 위해 다른 여자들에게로 시선을 돌리기 시작할 때였다. 《올랜도》는 계속 연인으로 지낼 수는 없으리라는 사실을 받아들여야 하는 두 사람을 위한 일종의 위로이기도 했고, 울프가 자신의 질투를 감당하고 비타를 다정하게 책망하자 두 사람이 함께했던 시간을 기리는 방법이기도 했다.

1925년 크리스마스 이래로 버지니아에게 비타는 "빛나는 핑크, 풍성한 포도, 치렁치렁한 진주"와 함께 나타나 "빛나는 열기, 감미로운 칭찬, 축제"가 되어준 사람이었다.[10] 비타가 외국에 나가느라 두 사람이 한참씩 떨어져 있었던 기간도 여러 번 있었다(그때마다 버지니아는 상대가 돌아오기를 "끈덕지게, 쓸쓸하게, 충직하게" 기다리는 수척한 연인의 역할을 연기하면서 자신의 진심이 격해지는 것에 소스라치게 놀라곤 했다).[11] 두 사람은 벽난로 앞에서 이야기를 나누는 사이이자 아주 가끔 함께자는 사이였다. 비타가 버지니아와 함께 잔 것은 총 "두 번"이었고 비타의 사랑은 성적이기보다 "정신적"이었다는 것이 비타 자신이 남편에게 고백한 내용이었다.[12] 비타의 고백이 사실이었을 수도 있다. 어쨌든 비타에게는 버지니아가 자기 때문에 병이 나는 것은 아닐까 하는 걱정이 있었던 것 같다. 버지니아는 버지니아 대로 이 관계의 위험성을 잘 알고 있었다. 두 사람 다 결정적인 선 앞에 서 한발 물러났다.

> 지난밤에 리턴도 있었는데 리턴이 갑자기 나더러 자기가 어떻게 하는 게 좋겠느냐고 묻는 거야. 사랑하니까 계속 가느냐 아니면 벼랑 앞에서 그만 두느냐. 나는 순간 당신을 생각하면서 소리쳤어. 그만 둬! 그만 둬! 그건 그렇고 만약에 내가 선을 넘으면 어떻게 될까? 대답해줘. 무슨 선을 넘을 건데? 라고 당신은 묻겠지. 그 선은 V[비타]라는 이름의 벼랑이야.[13]

선을 넘을 경우, 잃을 것들이 너무 많았다. 1927년 말의 울프는 《올랜도》라는 선을 넘는 이야기를 씀으로써 벼랑 끝의 현기증을 안전하게 즐길 수 있었다. 《올랜도》는 한편으로는 내숭을 욕하지만, 다른 한편으로는 몸 가리기를 놀이로 삼는 이야기다. 울프가 몸 가리기에 동원하는 표현들은 가장 요란한 퍼빌로보다 더 요란하다.

몸은 한 번에 한 곳씩 드러난다. 사모하는 여인의 눈, 입, 목, 뺨을 전부 따로따로 찬양하는 16세기 연애시와 마찬가지로 《올랜

—
바네사 벨이 작업한《플러시》의 면지(1933).

《플러시》는 엘리자베스 배럿 브라우닝의 애완견을 다루는 전기다. 농담 반 진담 반의 어조로 전기 형식의 테두리를 확장하는 한편, 새로운 시점의 필요성을 역설한 작품이다.

도》에서 화자의 시선은 손 하나, 아니면 발 하나에 초점을 맞추고 조금씩 가까이 다가간다. 예컨대 올랜도의 다리는 너무하다 싶을 만큼 자주 등장한다. 올랜도가 콘스탄티노플로 떠날 때 넬 그윈은 한숨을 쉬면서 "저런 다리 한 쌍이 이 나라를 떠나야 한다니 유감 천만"이라고 말한다. 올랜도가 여자로 사는 동안에는 다리를 꼭 가리고 다녀야 한다느니 여자 올랜도의 다리가 일순간이라도 드 러나는 경우에는 지나가던 배의 망루를 지키던 선원이 거꾸로 떨 어져버릴 수 있다느니 하는 말도 나온다.14

《올랜도》에서도 울프의 관능은 '스트립Strip'이 아닌 '티즈Tease'에 있었다. 그것은 울프의 취향이기도 했지만, 실용적 전략이기도 했다. 성애의 윤기를 전혀 찾아볼 수 없는 더없이 칙칙한 레즈비언 소설들 (그중에서도 특히 래드클리프 홀Radclyffe Hall의 《고독의 우물 The Well of Loneliness》) 마저 검열관들의 희생물이 되던 시대에 레즈비언에 대한 긴 찬가 를 출판할 수 있었던 것도 그런 전략 덕분이었다. 주인공은 동성 상대와는 절대 사랑에 빠지지 않는다. 주인공의 성별이 그때그때 의 구혼자에 맞게 바뀌는 것이다. 이것이 그저 주인공의 행운이었 다고 느껴지게 만드는 것이 버지니아 울프의 교묘함이다.

울프는 비타가 동시에 여러 자아(아내, 엄마, 애인, 남자, 여자, 작가, 정원 사, 귀족, 집시)를 공존시킬 수 있는 여자라고 느꼈다. 울프가 수세기 에 걸쳐 수백 가지 역할을 연기하는 올랜도라는 변신술사(수많은 사 회에 적응하면서도 항상 자기 자신으로 존재하는 인물)를 창조하는 데는 바로 그 느낌이 중요한 영감이 되었다. 《올랜도》는 주인공 올랜도의 변 신 장면들로부터 노위치 여자가 얼음 가루로 변하는 장면에 이르기까지 오비디우스에 견주어도 손색이 없을 변신 장면들이 속속 펼쳐지는 작품이다. 셰익스피어 희극의 분위기가 가면과 뒤섞여 직조된 유쾌한 어망인 듯 내내 수면 아래 드리워져 있는 소설이 기도하다. 17세기의 올랜도가 콘스탄티노플 특명대사로 파견되는 장면은 한편으로는 비타가 페르시아에 가 있던 시기의 기억이기도 하지만(비타의 남편 해럴드 니콜슨이 외교관으로 근무했던 곳이 페르시아였다), 다른 한편으로는 비타의 이국적 혈통에 대한 인유이기도 하다(비타의 조모 페피타는 집시의 피를 이어받은 에스파냐인 댄서였다).[15] 올랜도가 한동안 집시들과 함께 지내면서 귀족 겸 추방자(셰익스피어로부터 이어지는 전통적 인물 유형)를 연기하는 데는 그런 맥락이 있다.

비타가 주로 여행을 떠나는 쪽이었다면 버지니아는 주로 비타를 기다리면서 아름다운 잉글랜드의 봄에 대한 편지를 써보내는 쪽이었다. 하지만 버지니아에게도 방랑벽이 있었고, 올랜도의 흥미진진한 변신술은 버지니아 자신의 것이기도 했다. 20대에는 터키, 그리스, 이탈리아로 여러 번 유럽 여행을 떠나기도 했다.《댈러웨이 부인》을 완성한 후에는 스페인의 시에라네바다(여러 날 노새를 타고 사막을 건너야 도착할 수 있는 곳)에서 브레넌과 함께 길게 머문 적도 있었다. 바네사가 해마다 프랑스 남부(마르세유 근교의 카시스)를 연례 장기 체류지로 삼기 시작했을 때는 레너드와 버지니아도 그곳을 휴가지로 삼기 시작했다. 두 사람이 카시스의 따뜻한 날씨와 느긋한 생활을 즐긴 것은 1927~29년이었다. 그곳을 너무 좋아하게 된 버지니아는 급기야 그곳에서 집을 찾기 시작했다. 작은 별장을 사기 위해서 거래를 준비하면서, 가구를 배로 옮겨오기까지 했다(

—
도라 캐링턴이 그린 리턴 스트레이치.
리턴 스트레이치는 울프의 절친한 친구이자 라이벌이자 작품의 조력자다. 스트레이치와 도라 캐링턴은 티드마쉬 밀에서 함께 살았고 나중에는 햄 스프레이 하우스에서 함께 살았다.

버지니아가 결국 거래를 포기한 것은 부부의 일터로부터 수백 마일 떨어져 있는 곳에 집을 산다는 것이 너무 비현실적이라는 레너드의 설득 때문이었다). 프라이 부부와 함께 그리스를 탐험하고, 이탈리아에서 키안티에 취하는 휴가를 보내게 되는 것은 그 후의 일이다.

울프의 비유 지갑은 항상 로컬 컬러로 빛났다. 스페인에서 휴가를 보낸 뒤에는 글쓰기의 수월함이 "오믈렛 뒤집기"에 비유되기도 했다.[16] 울프는 어느 곳에 머물든 자신이 머무는 곳에 한결같은 사랑을 맹세하는 사람이었다. 울프가 원한 것은 새로운 풍경과 새로운 감각을 전부 언어로 붙잡아두는 것이었다. 그리스 여행에서 돌아오는 기차 안에서도 울프는 눈이 아플 때까지 쓰고 또 쓰고 또 썼다. 바네사와 비타는 어떤 타지에서도 집에서처럼 편하게 지내는 사람들이었던 반면, 울프는 현관 문 밖에만 나가도 완전히 새로운 판타지를 생성해내는 사람이었다.

《자기만의 방》에서 여성의 목소리를 대변하다

울프는 《올랜도》 출간 직후인 1928년 10월 하순에 케임브리지에서 두 차례에 걸쳐 강연을 했는데, 이제 거의 신화가 된 그때의 강연이 단행본 분량의 에세이 《자기만의 방 a room of one's own》으로 발전했다. 《자기만의 방》은 여성들의 자유를 다루는 가장 유명하면서도 가장 큰 논란을 불러일으키는 논의 중 하나이고, 《자기만의 방》의 힘은 주로 연상과 우회라는 논의 방식에서 온다(문체 면에서는 낙서 그림 같은 묘사, 콧노래 같은 속삭임, 식음, 셰익스피어의 누이의 일대기를 대

—
로저 프라이, 〈카시스 풍경〉, 1925.

1920년대에 바네사 벨과 던컨 그랜트가 카시스에 집을 지으면서 울프 부부는 항상 그곳에서 휴가를 보냈다. 나방들이 날아다니고 개구리들이 울고 기온이 높고 날씨가 좋고 음식이 맛있는 곳이었다. 버지니아는 카시스를 너무 좋아한 나머지 하마터면 그곳에서 집을 살 뻔했다.

충 상상하기 등등 《올랜도》라는 휴식용 소설의 장난스러운 방식들에 크게 의지하고 있다). 하지만 《자기만의 방》은 하고 싶은 말(여자에게 돈이 있어야 하고 자기만의 방이 있어야 한다는 말)을 시원하게 내지르는 책이기도 하다. 우선 울프는 여성들이 자신의 에너지를 지적 활동에 집중시킬 수 있으려면 물질적 편의가 있어야 한다는 점을 매우 분명하게 역설한다(추위를 막을 수 없는 곳, 방해 요소들을 없앨 수 없는 곳, 파이를 만들어야 하는 곳에서 시를 쓰기는 어렵잖은가). 계속해서 울프는 물질적 편의가 그 자체로 바람직하다는 점을 아무 거리낌 없이 역설한다. 울프는 여자 대학의 말린 자두를 남자들이 바로 근처에서 즐기고 있는 진수성찬과 대비시키면서 묻는다. 여자는 왜 번듯한 만찬을 즐기면 안 돼? 여자는 왜 멀쩡한 의자에 앉으면 안 돼?

자신이 돈을 벌 수 있다는 사실은 울프에게 깊은 만족의 원천이었고, 자신의 돈이 삶의 질을 높여 주는 물건들로 번역된다는 사실은 울프 자신에게 바람직한 일로 받아들여졌다. 상상력의 산물들을 꽃병이나 의자로 바꾸어놓는 돈의 연금술 앞에서 울프는 항상 경이로워했다. 《댈러웨이 부인》으로 번 돈은 몽크스 하우스에서 욕실 하나와 화장실 두 개로 바뀌었고(그중 하나의 이름은 '댈러웨이 부인 화장실'이었다), 《등대로》로 번 돈은 자동차로 바뀌었다. 자동차는 정신을 풍요롭게 해준다는 점에서 《자기만의 방》에서의 고급 런치와 같은 기능을 한다(좋은 글은 정신의 풍요로움에서 나오는 것일 수도 있다). 울프 부부의 싱어 자동차(애칭은 '등대')가 울프의 정신을 얼마나 풍요롭게 해주었는지는 《올랜도》의 문장 속에서도 감지된다. 장면이 휙휙 바뀌고 세상이 활짝 열린다. 버지니아는 켄싱턴 가든

—
켄트의 시싱허스트 캐슬.

해럴드 니콜슨과 비타 색빌웨스트는 1930년부터 이 집에 살았다.

에서 비타에게 받은 레슨에도 불구하고 결국 자동차 운전법을 배우지 못했지만(레너드는 두어 차례 머리털이 곤두서는 일을 겪은 뒤로는 절대로 버지니아에게 운전대를 넘기지 않았다). 자동차는 버지니아에게 그 어느 때보다 큰 자유로움을 안겨주었다. 《올랜도》로 번 돈은 몽크스 하우스에 울프의 새 침실(혼자 쓸 수 있는 집필실 겸 몽상실)을 마련하는 데 들어갔다.

《올랜도》가 혈통의 계승에 대한 이야기로 읽힐 수 있는 것과 마찬가지로, 《자기만의 방》은 문학 유산의 상속에 대한 이야기로 읽힐 수 있다. 오늘날을 살아가는 올랜도가 르네상스 시대의 자아가 경험했던 모든 것을 자기 안에 품고 있듯, 《자기만의 방》의 버지니아 울프는 셰익스피어의 누이가 놓은 토대 위에서 셰익스피어의 누이의 일을 하고 있다는 점에서 셰익스피어의 누이 그 자신이라고도 할 수 있다(두 사람 사이에 차이가 있다면 셰익스피어의 누이는 자기가 글을 쓰는 것을 허락하지 않은 세상에서 살았다는 것 정도다). 울프가 소설이나 회고록에서 정리한 가족의 기억이 울프의 자서전이라면, 울프가 《자기만의 방》에서 정리하는 과거 여성 작가들에 대한 감회 역시 울프의 자서전이다(경쟁하는 사이라는 감회도 없지 않았지만, 근본적으로는 함께 노력하는 한 가족 같은 사이라는 감회가 있었다).

"우리는 책을 한 권 한 권 따로 판단하는 습관이 있지만, 책들은 서로가 서로의 연장이다."17

울프의 다음 책 《파도》(1929년에서 1931년 사이에 쓴 진지하고 탐색적인 '신비주의' 소설)은 겉보기와는 달리 《올랜도》와 《자기만의 방》의 연장선상에 있는 작업이었다. 《파도》에서도 울프는 한 사람 한 사람이 다수의 역할을 연기한다는 것에 대해, 그리고 우리가 우리로 존재하는 것은 우리를 바로 이런 우리로 존재하게 하는 많은 사람들 때문이라는 것에 대해 생각해보았다. 다만 《올랜도》가 "내 모든 친구들의 윤곽"을 그리기 위해서 쓰기 시작했다가 비타라는 한 친구에 대한 이야기로 끝낸 책이었다면,[18] 《파도》는 여러 친구들의 삶이 "서로가 서로의 연장"이 될 정도로 긴밀하게 연결되는 모습을 상상해보는 책이었다.

8
목소리들

애도와 유대의 이야기

《파도》는 여러 명이 번갈아 자기 목소리를 들려주는 책이다. 남자
셋, 여자 셋 이렇게 모두 여섯 명의 등장인물이 돌아가면서 이야
기하는데, 저마다 자기가 좋아하는 것과 두려워하는 것을 이야기
하기도 하고 다른 등장인물들의 이야기에 응답하기도 하면서 서
로의 공통점과 차이점을 정리해간다. 같은 정원에서 뛰어 노는
아이들이고, 공부하러, 일하러 떠나는 소년들과 집에 있는 소녀들
이고, 가정을 꾸리고 이별하고 다시 만나는 친구들이다. 나이 들
고 서로 경쟁하고 각자 자신의 길을 가면서도 눈에 보이지 않는
끈 같은 것으로 서로 이어져 있다고 느끼는 친구들이다.

"이 삶은 한 사람의 삶이 아니잖아. 나라는 사람이 남자인지 여
자인지, 버나드인지 네빌인지, 루이즈인지 수전인지, 지니인지 로
다인지 알 수 없을 때도 있고. 참 이상하지, 이렇게 서로 맞닿아 있
다는 게."[1]

《파도》를 발아시킨 이미지 가운데 하나는 카시스에 머물고 있

던 바네사가 동생에게 써보낸 편지에 등장한 거대한 나방이었다. 거대한 나방 한 마리가 창문을 두드리고 있고 "내가 이 편지를 쓰려고 밝혀놓은 램프 주위로 수많은 나방이 미친 듯 맴돌고 있다"는 내용이었다.[2] 《나방들 The Moths》을 새 소설의 가제로 택한 울프는 등장인물들이 마치 나방들처럼 하나의 불빛을 중심으로 모이는 소설을 구상하기 시작했다. 어두운 저녁에 정원으로 나가 곤충 채집을 하던 어린 시절부터 가지고 있던 아이디어였다.

울프는 퍼시발이라는 일곱 번째 인물을 만들어 불빛의 자리에 놓았다. 퍼시발은 제이콥과 마찬가지로 처음부터 부재하면서 다른 사람들을 통해서만 젊은 청년(다른 사람들을 자석처럼 끌어당기지만 좀처럼 포착되지 않는 인물)이다. 젊은 나이에 세상을 떠났다는 것도 제이콥(그리고 울프의 오빠 토비 스티븐)과 마찬가지다. 그가 세상을 떠난 뒤 그의 친구들이 그의 기억을 중심으로 모인다.

울프는 《파도》를 쓰면서 토비의 편지들을 꺼내 읽었다. 토비가 살아 있었다면 50번째 생일이었을 것이라고 1930년 9월의 일기에 써넣기도 했다. 《파도》의 표지에 토비의 이름과 생몰일을 써넣으면 《파도》가 애가라는 점을 분명히 밝힐 수 있으리라는 생각도 들었다. 하지만 《제이콥의 방》을 쓰면서 똑같은 생각을 했다가 헌정 대상을 정하지 않기로 했던 울프였다. 울프가 《등대로》를 자기 부모에게(그리고 그 누구에게도) 헌정하지 않았던 것도 같은 맥락에서의 결정이었다. 《파도들》의 도입부를 쓰면서도 비슷한 마음이었다.

"'어린 시절'에 대한 글이어야 해. 하지만 나의 어린 시절에 대한 글이어서는 안 돼."[3]

—

물고기에게 먹이를 주고 있는 레너드 울프(1932년, 로드멜).

"꽃가루 하나가 떨어져 물 위에 내려앉았다. 꽃잎 하나가 떨어져 물속에 가라앉았다. 그러자 잠수함 같은 물고기들이 가던 길을 멈추고 균형을 잡고 대오를 정비하고 공격 태세를 갖추더니 작은 파도를 일으키면서 휙 헤엄쳐 갔다."

《막간》의 이 대목을 비롯해서 버지니아 울프의 글 속에서는 물고기들이 헤엄쳐다닌다. 사료 통을 자세히 보면 대형 토피 통의 재활용이라는 것을 알 수 있다(울프 부부는 단것을 아주 좋아했다).

이렇게 울프는 《파도》를 그 누구에게도 헌정하지 않았고, 이로써 《파도》는 온 세상을 애도하는 엘레지로 읽힐 수도 있고 오랜 세월 서로를 생각하면서 살아온 사람들 사이의 유대를 이야기하는 소설로 읽힐 수도 있는 작품이 되었다.

《파도》에 실존 인물을 모델로 삼은 등장인물이 없는 것도 사실이고 《파도》 전체가 집요하게 비개체적인 것이 사실이지만, 버지니아 울프라는 사람에게 커다란 의미가 있었던 사람들이 《파도》 안에서 얼핏얼핏 눈에 띄는 것도 사실이다. 자식이 없는 네빌은 아이들과 함께 시골집에 사는 수전을 부러워한다. 루이스는 퇴근해서 지팡이를 벽에 걸어놓고 시를 쓰는 인물(어딘가 T. S. 엘리엇을 닮은 인물)이다(물론 엘리엇에게 바치는 좀더 강력한 찬사는 이 책 전체를 관통하고 있는 《황무지》의 인유망이다).

《파도》의 여섯 사람은 저마다 개인적 기벽을 가지고 있지만, 독자에게 모종의 전형이라는 인상을 주기도 한다. 한편으로는 저마다 각자의 인생을 살지만 다른 한편으로는 인간적 경험과 상태의 한 측면을 대표하기도 한다. 예컨대 독자는 지니라는 인물을 한 사람의 온전한 개인으로 이해할 수도 있지만 모종의 사회적 자아(조명이 빛나고 음악이 흐르는 파티에서 출현하는 자아)로 이해할 수도 있다.

《파도》에서 "등장인물은 여섯 사람이면서 한 사람"이라고 울프는 말했다.[4] 여섯 사람이자 한 사람인 등장인물은 울프의 친구들이기도 하지만, 울프 자신들이기도 하다. 울프가 일기에 썼던 말을 하기도 하고, 간간히 울프의 목소리로 말하기도 한다. 수전은 몽크스 하우스 정원의 울프를 닮았다. 고전문헌학 교수 니벨은 울프가 마다한 기득권층의 인생을 사는 인물이지만, 니벨이 주머니 속의 '이력서'를 만지작거리면서 자기의 가치를 불안한 듯 가늠하는 모습은 울프의 모습과 매우 흡사하다.5 우리는 저마다 하나가 아니라 여럿이라는 이 의미심장한 생각은 클러리사 댈러웨이의 생각이기도 했다.

"이 사람은 지금 이러니까 이런 사람이고 저 사람은 지금 저러니까 저런 사람이라는 말을 하지 말아야지."6

울프가 자신의 작가 인생의 상당 부분을 바친 작업은 그런 라벨들을 해체하는 작업, 곧 누군가를 '이런 사람' 또는 '저런 사람'이라고 정의하는 데 수반되는 허위를 폭로하는 작업이었다.

《파도》의 등장인물들이 어느 차원에서 "모두 하나"라면, 화자가 바뀌는 순간을 정확하게 포착하지 못한다고 해도 상관없다. 모두의 목소리가 하나로 합쳐진다는 것이 바로 이 소설의 핵심이다. 말하는 내용은 달라도 말하는 리듬은 똑같다.

"내가 쓰고 있는 글은 플롯을 따르는 글이 아니라 리듬을 타는 글이다."7

레너드와 함께 축음기에 귀를 기울이는 저녁 시간은 작업일의 일과에서 가장 유익한 시간이 되었다. 그렇게 음악에 귀를 기울이는 중에 어려운 대목을 해결할 중요한 통찰을 얻은 것이 여러 번이었다.

울프가 리듬을 타면서 쓴 글이기 때문에 독자도 리듬을 타면서 읽어야 한다. 속독은 불가능하다. 소설의 속도는 등장인물들이 자기를 둘러싼 세상을 세밀하게 관찰하는 느긋한 속도에 맞추어져 있다. 《파도》의 등장인물들은 다 큰 어른들이지만, 그들이 세상을 바라보고 인지할 때 느끼는 것은 마치 어린아이 같은 경이로움이다. 그들의 독백은 현재형 시제의 독백, 곧 경이로운 것들 사이에서 한순간 걸음을 멈추고 그 순간의 놀라움을 들려주는 듯한 어조(다 큰 어른들에게서 좀처럼 들어볼 수 없는 어조)의 독백이다. 《파도》는 울프의 가장 어려운 책일지도 모르지만, 울프의 목소리 속의 어린아이 같은 어조를 가장 분명하게 들려주는 책이기도 하다.

울프에게는 질릴 줄 모르는 호기심과 디테일을 향한 욕심이 있었다고 울프의 친구들은 종종 이야기했다. 어린아이들이 울프에게 끌린 데는 그런 이유도 있었다. 비타 색빌웨스트의 아들 나이겔 니콜슨도 울프에게 끌린 어린아이들 중 하나였다.

울프가 그날의 사건을 들려달라고 하기에 내가 대답했다.

"사건은 없었는데요. 그냥 학교에서 집까지 왔어요."

울프가 다시 물었다.

"저런! 그러지 말고, 처음부터 다시 해보자. 아침에 무엇이 너를 깨워주었을까?"

내가 대답했다. "태양. 이튼에서 기숙사 창문으로 들어오는 태양."

그러자 울프가 커다란 관심을 보였다.

"어떤 태양이었을까? 웃는 태양? 화난 태양?"

나는 이런 식으로 울프와 함께 내 하루를 하나하나 되짚어 나갔다."8

아침잠을 깨워주는 눈부신 태양이 울프를 만나면 이렇듯 만사
가 "사건"인 소설의 서정적 배경이 될 수 있었다.

작업은 경주마처럼

《파도》가 시작된 과정은 작품의 형태가 머릿속에 섬광처럼 떠올랐
던 《등대로》때와는 완전히 달랐다. 1929년 가을 내내 시행착오가
계속되면서 울프의 노트는 "정신병자의 꿈속"처럼 어지러워졌다.[9]
소설가와 등장인물들 사이의 관계를 정하지 못하는 상태였다.

"나는 이야기의 외부에 있을까?"[10]

하지만 새해가 되면서 확실한 노선을 정할 수 있었다. "가시덤
불을 헤치고" 중심에 가닿은 느낌이었다.[11]

이렇게 장애물을 헤쳐나가는 이미지는 스티븐 일가의 콘월 도
보여행 장면(사람들이 가시덤불로 뒤덮인 풍경 속을 힘차게 걸어가는 장면)을
연상시키기도 한다. 울프가 《파도》의 유년기 부분을 쓰면서 수시
로 기억에 떠올렸던 것이 바로 이 장면이었다.

울프가 자기 작업의 진행 상황을 생각하면서 떠올리는 이미지
도 비슷한 정도로 구체적이었다. 작업 중인 책은 "추상적, 비시각
적eyeless"(울프 자신의 표현)이었지만, 작업 중인 울프는 경마 기수 같
은 모습, 아니 경주마 같은 모습이었다. 울프의 한 해는 경마 "구간
들"로 나뉘어 있었다.[12] 7월부터 9월까지 3개월은 서식스 로드멜
구간, 크리스마스까지의 겨울은 런던 구간, 연말과 새해를 지나
스프링홀리데이까지는 휴가지 구간, 5월과 6월은 결승선을 향해

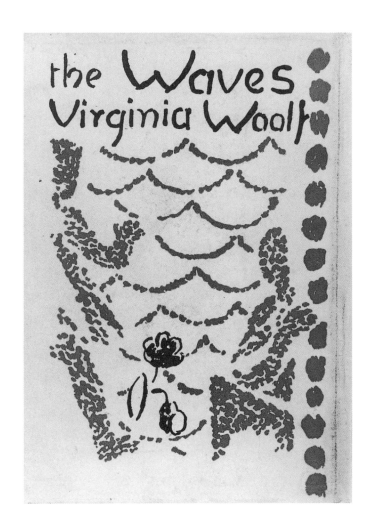

—
바네사 벨이 작업한 《파도》의 표지 디자인(1931).

이 소설은 이상한 형태와 함께 시작되었다.

"로드멜에서 내 방 창밖의 습지 너머에 나타났던 그것, 망망대해에서 흔들리는 꼬리지느러미 같았던 그것이 이렇게 내 그물에 붙잡혔다."(이 소설을 만족스럽게 끝낸 1931년 2월 7일의 일기)

질주하는 런던 구간이었고, 여름은 다시 서식스였다.

글이 부딪히는 문제들은 울프가 뛰어넘어야 할 '장애물'이었고, 울프는 장애물을 겁내지 않았다. 서서히 속도를 올렸고 필요한 순간에 전력으로 질주였다. '방아를 돌리는 말'처럼 자신의 효율성과 지구력에 뿌듯해하기도 했다. 울프는 낭만주의 예술가였지만 《등대로》의 결말에서 "바로 이게 내가 본 비전의 완성이다"라고 썼을 정도였다), 다른 한편으로는 스스로를 채찍질하면서 스스로에게 내기를 거는 경주마 같은 작업자이기도 했다(《파도》 작업 중에 어려운 대목을 해결한 뒤 일기에 "장애물 하나를 넘었다"라고 썼을 정도였다).[13]

장애물과 마주하는 것이 울프 자신의 선택이었다. 독자들이 이미 알고 있는 기법을 되풀이하는 책을 썼다면 이미 확보되어 있는 독자들을 만족시킬 수 있었을 테지만, 울프는 그런 책을 쓰는 일은 비타에게 맡겼다(비타의 소설 《에드워드 시대의 사람들》은 호가스출판사에서 상당한 수익을 올리고 있었다). 자기가 세운 장애물을 자기 방식대로 뛰어넘는 것이 울프의 작업 스타일이었다.

울프는 때마다 장애물을 높이면서 자신이 쓰는 글과 과거 거장들의 글을 비교했다. 바이런의 글을 필사하기도 했고, 셸리를 대화 상대로 설정한 듯한 대목을 《파도》에 포함시키기도 했다. 오전 집필 작업을 끝내고 하루에 30분씩 《신곡》〈지옥편〉을 읽으면서 단테의 글과 자기 글의 서사시적 규모와 리듬감을 비교해본 시기도 있었다.

울프는 항상 셰익스피어의 글로 돌아가 자기 글의 수준을 가늠해보는 작가였다(울프의 결론은 언제나 셰익스피어의 글이 훨씬 더 훌륭하다는 것이었다). 또한 울프는 고대 그리스 드라마를 읽으면서 자기 글의 등장인물들도 그렇게 "하늘에 가닿는 거대한 신상들" 같기를 바라는 작가였다.[14] 울프의 작가적 야심은 앞으로 언젠가 "글자 하나 하나가 활활 타오르는" 글을 쓰겠다고 다짐하던 스물다섯 살 때처럼 뜨겁기만 했다.[15] 울프가 드디어 그날이 왔음을 실감했던 것은 《파도》를 쓸 때였다. 스스로에게 최대의 과제를 부여한 것은 버나드의 마지막 독백을 쓸 때였다.

"글이 날렵하게 움직이도록. (반드시) 지금껏 세상에 나온 글 중에서 제일 날렵하도록. 킥킥거리고 재잘거리던 글이 열변을 토하는 글로 날렵하게 움직이도록."[16]

《파도》를 쓰는 동안에도 병으로 쉬어야 하는 시기가 여러 번 찾아왔지만, 울프는 병을 받아들이기로 마음먹을 수 있었다. 이 "묘한 휴식"의 시간에 창조력이 내재해 있다고 믿으면서 고무적인 선례들을 떠올려보기도 했다(《자기만의 방》은 주로 침대에서 구상된 작품이었다).[17] 1930년 2월의 일기에서는 "많은 경우 아무것도 하지 않는 것이 시간을 보내는 가장 유용한 방법"임을 말했고, 같은 해 9월의 일기에서도 아무것도 쓰지 않고 지낸 "침묵의 계절들"에 중요성을 부여했다.[18] 병과의 거래를 성사시킬 수 있었던 것은 울프 특유의 실무 능력 덕분이었다. 울프는 병을 받아들여주었고, 병은 울프의 아량에 보답해주었다.

울프는 펜의 속도가 생각의 속도를 따라갈 수 없을 만큼 격렬한 흥분 상태에서 작업을 끝냈다.

15분 전에, '오 죽음이여'라는 글자로 이렇게 책을 끝내기까지, 마지막 10쪽을 몇 분 만에 달려올 때, 격앙과 도취로 북받치는 느낌, 나를 두고 날아가 버릴 것만 같은 나 자신의 목소리를 듣기 위해 질주하는 느낌이었다(전에 정신병이 왔을 때는 그 목소리가 마치 다른 사람의 목소리처럼 들렸었는데). 나는 그렇게 날아가 버렸던 목소리들을 떠올리면서 하마터면 두려움에 붙잡힐 뻔했다.19

울프는 종종 작업을 병에 비유했지만, 여기 나오는 병의 비유는 괴로움이나 두려움의 표시가 아니라는 점에서 예전의 비유들과 차별화된다. "두려움에 붙잡힐 뻔"했을 뿐, 붙잡히지는 않았다. 예전과는 달리 두려움의 접근을 막는 무언가가 확보된 것이다.

에설 스미스의 등장

작곡가 에설 스미스Ethel Smith와의 우정이 시작되었다는 것은《파도》가 완성되었다는 것과 함께 1930년과 1931년에 울프의 삶에서 가장 큰 이야깃거리다.

《파도》는 불명료하고 암시적이고 개인적 자아를 내세우지 않는 작품이었던 데 비해, 1930년 새해에 들이닥친 일흔 살의 작곡가는 목소리가 크고 자기주장이 강한 인물이었고, 하는 이야기는 대개 자기 자신에 관한 것이었다. 에설과 버지니아가 처음 만난 것은 그때였지만(《자기만의 방》을 읽고 감명을 받은 에설이 연락을 해왔다), 오래

전부터 서로에 대해서 알고 있었던 두 사람이었다(에설 스미스는 여러 권의 자서전을 연달아 출간한 작가이기도 했다).

에설은 2월 21일에 타비스톡 스퀘어로 차를 마시러 왔다. 에설과 버지니아는 응접실이 있는 위층으로 올라가던 중에 우정의 토대를 놓았고, 응접실에 앉아 몇 시간에 걸쳐 "끝없이" 말했고, 에설이 돌아가기 전에 이미 서로의 삶에서 중요한 인물이 되어 있었다.[20] 버지니아가 첫 편지를 보낸 것은 에설이 돌아간 직후였다.

"하고 싶은 말이 너무 많아요. 음악에 대해서도, 사랑에 대해서도."[21]

버지니아는 에설을 상대로 하고 싶은 말을 다 할 수 있었다. 버지니아가 에설에게 써 보낸 장문의 편지는 본인의 인생에 대해서 했던 말 중에서 특히 자주 인용되는 많은 말의 출처였다(버지니아는 에설의 간단명료한 말투를 흉내 낸 말투로 성, 노동, 자기 자신의 과거 등을 바라보는 자신의 관점을 번호순으로 적어나갔다). 이런 말을 했던 배경에는 나이가 든다는 생각도 있었을 것이고, 그간의 성과를 평가해보자는 생각도 있었을 것이다. 그런데 왜 이런 말을 하필이면 에설 스미스에게 했던 것일까?

에설을 희화화하기는 쉬웠다. 울프가 깜짝 놀란 친구들과 함께 에설의 "악다구니와 에고티즘"(큰 체격과 안 들리는 귀와 사양하지 않는 태도로 페미니즘에 복무하는 70대 노병의 특징)을 놀림감으로 삼게 되는 것은 불가피한 일이었다.[22] 에설은 한때 에멀린 팽크허스트Emmeline Pankhurst와 함께 감옥에 갇혔던 투사였고, 〈여성 행진〉(여성참정권운동의 노래)의 작곡자였다. 에설이 자신의 권리를 쟁취해온 세월에는

—

몽크스 하우스의 버지니아 울프와 에셜 스미스.

스미스는 70대였고 청력이 좋지 않았지만, 스미스의 끝없는 열변을 막을 수 있는 것은 아무것도 없었다.

투사의 긍지가 있었다(에설의 아버지가 육군 소장이었다는 것은 울프가 에설에게 계속 상기시키는 사실이었다).

에설이 평생 자유를 위해 투쟁하면서 채택한 전략은 울프의 전략(섬세하고 아이러닉한 실험적 경험론)과는 정반대였고, 울프가 에설을 좋아하는 것도 바로 그 점 때문이었다. 울프의 삶을 규정하는 가장 큰 특징 중 하나는 울프가 사랑했던 사람들(특히 비타와 에설)은 울프 자신과 전혀 다른 사람들이었다는 점이다. 울프는 그 사람들의 충실한 우정을 원했지만, 그 사람들을 상대로 자기의 작가 생활을 이해해달라고 할 필요는 없었고, 자기가 없을 때 그 사람들이 어떤 생활을 할지 상상해보곤 했다. 워킹에 있는 에설의 집에 다녀온 뒤에 에설에게 써 보낸 편지에서 그 마음을 은근하면서도 뭉클하게 전하기도 했다.

"내가 또 찾아가더라도 부디 나를 위해 시간을 내지 마세요. 거기 있는 당신의 모습 그대로를 보게 해주세요."[23]

두 사람이 가장 가까웠던 때는 에설의 편지가 매일 도착했다(엄청나게 긴 편지들 사이로 전보가 도착하는 때도 많았다). 직접 찾아와 버지니아의 일과를 초토화시키기도 했다(초대 받지 않고 불쑥 찾아오는 경우도 있었다). 버지니아에게 에설은 그야말로 "동에 번쩍 서에 번쩍하는 뇌우"였다.[24] 작업에 엄청난 지장이 있을 정도였다(그전에 그만한 시간을 가져가도 되었던 사람은 레너드, 바네사, 비타 외에는 없었다).

"그이의 비중을 줄일까?"[25]

하지만 에설의 매력 중 하나가 결코 양보하지 않는다는 점이었다. 온건한 우정이라는 말이 에설에게는 형용모순일 것이었다. 그렇게 자신의 인생에 에설의 자리를 마련한 울프는 에설의 우정 교향곡을 계속 들어나가면서 마치 애인에게 의지하듯 점점 에설에게 의지했다.

버지니아 울프가 에설 스미스와 사랑에 빠졌던 것은 아니었다 (에설 쪽에서는 버지니아를 사랑한다고 떠들고 다녔다). 에설은 상대를 들었다 났다 하고 상대를 보살펴주고 상대에게 도전 과제를 던져주고 상대에게 새로운 활력을 안겨주는 사람이었지만, 상대의 마음에 짜릿한 판타지(버지니아가 비타를 떠올리는 순간 버지니아의 마음에 솟구치는 종류의 판타지)를 솟구치게 하는 사람은 아니었다. 한동안 버지니아는 비타에게 에설("따개비를 주렁주렁 매단 늙은 바다 괴물")을 연적으로 여기게 하면서 비타가 질투에 몸서리치는 모습을 즐기기도 했다.[26]

울프는 사랑과 우정의 차이에 대해서 자문해보았다. 울프가 에설에게 하고 싶어 한 말 중에는 사회가 성과 관련된 감정을 강박적으로 라벨링한다는 말도 있었다.

"이렇게 잡다한 성분을 함유한 감정들을 자꾸 좁게 한정하고 명명한다는 점, 감정들 사이에 울타리를 치고 감정들을 서로 갈라놓으려고 한다는 점, 사람들의 잘못은 이 점에 있는 것 같아요."[27]

《파도》에서 울프는 사람은 저마다 "잡다한 성분을 함유"하고 있으면서 유동적이라는 생각을 펼쳐 보았는데, 에설에게 써 보내는 편지에서도 울프는 바로 그 생각을 펼치고 있었다. 말없이 묵묵히 《파도》를 써나가야 하는 작업의 시간과 "하고 싶은 말"을 할 수 있는 편지의 시간을 울타리로 갈라놓을 수도 없는 일이었다.

《플러시》와 《보통의 독자》 제2권, 에고티즘과의 대결

울프는 "사람들을 만나는 일"이 자꾸 작업을 중단시킨다고 투덜거렸지만(울프가 써 보내는 사교적 성격의 편지들 속에는 울프가 작업 중이었다는 사실을 짐작케 해주는 힌트가 거의 없다), 울프의 작업은 상당한 성과를 거두고 있었다.

울프가 완성한 작업 중 하나는 플러시라는 스패니얼에 대한 전기 형태의 소설을 써냈다(플러시의 모델은 울프의 개 핑커였다).《플러시》의 동력은《올랜도》때와 같은 판타지 여행의 필요였던 만큼,《플러시》는 비타와의 연애 관계에 바치는 또 하나의 헌사였다(핑커는 비타의 개 피핀의 새끼였고, 연애 초기에 개들의 행태를 구애의 중요한 모델로 삼았던 두 사람이었다). 농담 반 진담 반의 어조로 전기 형식의 테두리를 확장하는 작품이라는 것도《올랜도》와의 공통점이었다(이번에 울프는 엘리자베스 배럿 브라우닝을 바닥에서 올려다보는 시점을 채택함으로써 무심한 듯 시점의 전환을 역설하는 작품이었다).

울프가《보통의 독자》제2권 편찬 작업(근작 비평 에세이 중에서 26편을 "재단장"하는 작업)에 들어간 것은《파도》를 완성한 직후였다. 검토 대상(1926년에《보통의 독자》제1권이 나온 뒤에 발표된 모든 비평)은 100편이 넘었다. 울프는 자신의 논픽션에 답답함을 느끼는 경우가 많았다. 기존의 서평 관행에서 아직도 충분히 벗어나지 못했다는 답답함이었다. 독서의 경험을 고스란히 되살릴 수 있으려면 어떤 형식이어야 할까? 영어권의 거장 비평가 중 한 명이었으면서도 더 유연한 형식을 모색하는 울프였다.

울프는 에세이를 쓸 때 독자와의 대화처럼 들리는 글을 쓰고 싶어 했고, 실제로 대화의 장을 마련하는 경우도 있었다(1933년에 쓴 〈월터 시커트: 대화Walter Sickert: a Conversation〉도 그런 경우였다). 독자와의 대화라는 형식은 책에 대한 설명이 아니었던 만큼, 울프는 이 형식을 통해 자기주장이라는 혐오스러운 글쓰기 방식을 피할 수 있었다.

소설 서평에서 울프는 소설에 대해 설명해주는 대신 소설의 분위기(책을 덮었을 때 기억 속에 남아있는 것들)를 되살리고 싶어 했다. 토머스 하디Thomas Hardy에 대한 긴 에세이(하디가 세상을 떠난 1928년에 추모 서평으로 처음 발표되어《보통의 독자》제2권에 수록된 글)를 예로 들어보자. 하디의 한 초기 소설을 읽는 내내 우레 같은 "폭포 소리"를 들린다는 내용이 나온다. "비전의 순간들"이 서서히 "한낮의 시간들" 속으로 사라지는 모습을 보인다는 내용도 나온다.[28] 하디의 책에서는 항상 "서너 명이 작품을 지배하면서 벼락을 부르는 피뢰침처럼 높이 솟아 있다"라는 내용도 나온다.[29] 울프의 무궁무진한 직유 표현들을 통해 추상적 감동이 시선을 사로잡는 선명한 이미지로 번역된다.

울프의 서평 에세이들은 책을 다루는 대화의 포문을 여는 작업이었지만, 울프가 매우 높이 평가했던 대화 상대 중 한 명은 더 이상 대화에 응할 수 없었다. 햄 스프레이 하우스의 리튼 스트레이치였다.《보통의 독자》제1권을 스트레이치에게 헌정했던 울프는《보통의 독자》제2권을 편찬하면서 스트레이치의 죽음을 애도했다.

스트레이치가 이제 곁에 없다는 사실이 항상 곁에 있는 에설에 대한 울프의 감정에 영향을 미쳤다. 에설에게 닥치라고 하고 싶을 때도 있을 정도였다. 울프는 반짝이는 강물처럼 거침없이 흐르는 말(블룸스버리의 트레이드마크)과 한 편이 되기보다는 사색적 과묵과 한 편이 되고 싶었다. 1931년 크리스마스의 울프는 에설에게 날을 세우고 있었다.

"내가 존경하는 사람들은 모두 말수가 적어요."[30]

울프가 가장 행복하게 느끼는 순간이 과묵한 순간이었던 것은 예전부터였다.

"나는 더운 금요일 저녁에 자동차로 로드멜에 가서 생햄을 먹고 테라스로 나가 부엉이 한두 마리와 함께 시가를 피우는 시간을 좋아해요."[31]

시골 생활에 깊이 침잠해 있던 1930년의 더운 여름도 있었다.

"콧구멍만 물 밖에 내놓은 악어처럼 늘어져 있어요."[32]

그렇게 또 한 번 울프는 잠수한 악어처럼 더 두꺼워지고 있었다. 쇄도하는 원고 청탁과 강연 청탁을 거절하면서 고요하고 자유로운 시간을 확보하는 시기였다. 울프는 유명한 소설가였으면서도 세간의 관심을 원하지 않았다. 울프를 다루는 책이 다수 집필되고 있었지만, 울프는 소설이 중요하지 소설을 쓴 사람이 중요한 것은 아니라는 입장을 굽히지 않았다(자신을 다루는 책을 쓰는 저자들에 대한 울프의 태도는 소극적 비협조, 아니면 적극적 적대시 둘 중 하나였다).

내셔널 갤러리에서 한창 제작 중이었던 현대판 판테온(바닥 모자이크)에는 울프의 모습도 있었는데(지금도 있다), 대부분의 사람들에게는 대단히 기뻐할 일이었겠지만 울프의 반응은 반대하지 않는 정도였다. 울프는 읽히는 작가가 되기를 원했고 어느 정도의 돈을 원했고 무엇을 쓸 것인가를 결정할 자유를 원했다. 중요한 것은 그 세 가지뿐이었다. 명성이 내미는 다른 과시 요소들을 울프는 다 물리쳤다.

울프에게는 모든 과시적 행사와 의례가 의심스러워했다. 예전에 조지 덕워스의 블랙타이 파티 앞에서 뒷걸음질 쳤던 울프가 이제는 공식적 명예를 거절하고 있었다. 한갓 기득권 퍼레이드인 것은 둘 다 마찬가지라는 생각이었다. 울프가 맨체스터 대학교의 명예박사학위를 거절한 것도 그런 맥락에서였다.

당시에 울프가 쓴 글 중에 《뉴 스테이츠먼*New Statesman*》 앞으로 써 보낸 긴 편지가 있었다.[33] 자신이 왜 프라이버시를 지키고 싶은지를 설명하면서 '프라이버시 보호 협회'의 신설을 제안하는 편지였다. 격렬한 편지이면서 서로 상충하는 아이디어들로 가득한 편지였다. 프라이버시를 주장하는 공개 편지, 프라이버시를 대의명분으로 내세우는 편지, 프라이버시를 지키기 위해서 새로운 협회를 세우자고 제안하는 편지였다(물론 협회를 세우자는 제안은 일종의 패러디였다). 공과 사의 절충이라는 이 주제는 당시에 울프가 (길게 점점 빨라지는 속도로) 쓰고 있던 새 소설의 핵심이기도 했다.

1932년에 케임브리지 대학교의 명망 높은 '클라크 강연'을 청탁받은 울프는 잠시 고심했다(울프의 부친은 1888년에 이 강연의 연사였다). 하지만 울프는 결국 하지 않기로 했다. 트리니티의 '클라크 강연'이라면 거절하겠다는 것이 트리니티 대학의 구내 잔디밭에서 내쫓겨본 적이 있는 울프의 결정이었다. 울프의 입에서 나올 말은 트리티니 교수들이 듣고 싶을 만한 말은 아니었다.

9
예술로 말하기

《파지터 일가》 vs 역사소설

울프는 극도의 흥분 상태에서 《파지터 일가》의 초고를 써내려갔다. 《세월》로 완성될 소설이었다. 1934년 9월에 나온 이 소설의 첫 번째 초고는 900페이지, 약 2만 단어라는 엄청난 분량이었다. 울프는 "군살 빼기" 작업이 필요하리라는 것을 알고 있었지만, 만족스러웠다. 극히 야심찬 책이었다.

"현재의 사회를 전부 그리고 싶다. 일부가 아닌 전부를 그리고 싶다. 비전을 그리면서 동시에 사실들을 그리고 싶다. 그렇게 두 그림을 합치고 싶다. 《파도》가 흘러갈 때 《밤과 낮》도 함께 흘러가게 하고 싶다."[1]

《파지터 일가》는 모든 이전 작업들의 집대성, 곧 비전(《파도》의 속성)을 불러내 모종의 리얼리즘(초기 소설들의 기법)에 의미를 부여하는 작업이었다.

울프에게 《파지터 일가》는 이렇듯 자신의 작가 인생을 되돌아보는 일이었지만, 동시에 자신의 가정생활을 되돌아보는 일이기도 했다. 울프의 첫 집이었던 하이드 파크 게이트가 이 소설에서 파지터 일가의 애버콘 테라스가 된다. 병든 어머니는 위층 침실에서 죽음을 앞두고 있고, 딸들은 찻물이 끓기를 초조하게 기다리고 있다. 어느새 소설은 20세기로 넘어오고, 딸들은 런던 여기저기에서 저마다의 삶을 살아가고 있다. 옛집은 팔리고, 어떤 가정을 꾸릴 것인가, 어떤 일을 할 것인가, 어떤 친구를 사귈 것인가, 어떤 정치적 입장을 취할 것인가가 모두 결단의 대상이 된다. 어느새 소설은 현재에 이르고, 울프의 "수백만 가지 생각"이 한데 합쳐진다.

"내가 알고 느끼고 조롱하고 경멸하고 사랑하고 찬양하고 혐오하는 모든 것이 압축되어 있다."[2]

울프는 역사소설의 전통을 돌려세우고 있었다. 존 골스워디John Galsworthy와 휴 월폴Hugh Walpole이 한 가문의 연대기를 따라가는 긴 대하소설(《포사이트 사가*The Forsyte Saga*》, 헤리The Herries 연대기 연작)로 엄청난 판매고를 기록하고 있을 때였다. 울프가 그런 역사를 쓰려고 했으면 못 쓸 것도 없었을 것이고, 하이드 파크 게이트에서의 경험만으로도 여러 권 분량의 자료를 얻을 수 있었을 것이다. 하지만 이 장르를 답습하는 대신 이 장르를 반성하는 쪽을 선택한 울프는 긴 가족사로부터의 발췌문이라는 설정 아래 일련의 일화를 써나갔다. 한 해 한 해 꾸역꾸역 나열하는 방식이 아니라 몇 개의 순간들(1880년의 한순간, 1891년의 한순간, 1907년의 한순간 등)을 집어내는 방식(순간의 온도를 재고, 삶의 단면도를 그리고, 분위기의 "핵심"을 극히 간결하게 집어내는 방식)이었다.[3]

처음에 울프는 이 일화들을 한데 엮는 액자 내러티브를 구상했다. 소설가가 여성들의 삶을 주제로 강연하면서 자기 주장을 뒷받침하기 위해 자기 소설의 여러 대목을 발췌 낭독한다는 구상이었다. 첫 장면에서 자신의 소설 제5권의 한 대목을 엄숙하게 낭독하는 소설가라는 설정은 장황한 대하소설의 패러디였다. 그런 면에서는 우스운 농담이었지만 진지한 면도 있었다. 이런 식으로 강연문과 발췌문을 연결한다면 사실과 허구, 분석과 창조, 비평가와 소설가를 한 작품에서 만나게 할 수 있을 것이었다.

효과적인 구상일 수 있었지만, 울프는 결국 마음을 바꾸었다. 픽션을 강연에 집어넣는 것에 대한 우려 때문이었다. 프로파간다가 될 생각은 없었다. 하지만 하고 싶은 말이 있었다. 어떻게 "지적인 논의"에 "예술의 형태"를 부여할 것인가(울프 자신의 표현), 그것이 문제였다.[4]

결국 울프는 "소설"을 "에세이"로부터 분리했다. 강연의 논지가 아예 사라진 것은 아니었지만(《파지터 일가》의 강연 부분은 《3기니*Three Guineas*》라는 좀더 강력하고 불온한 작품이 되어 돌아온다), 일단 남겨진 부분은 가족사의 일화들이었다.

문제는 대하소설을 패러디하는 이런 장면들이 패러디의 대상인 대하소설보다 길어질 조짐을 보인다는 것이었다. 이때 울프가 참조한 것은 긴 소설의 대가들인 러시아 작가들이었다. 도스토옙스키의 집어넣기와 투르게네프의 잘라내기를 놓고 저울질해보기도 했다. 울프는 투르게네프를 읽으면서 자신과 똑같은 문제 앞에서 자신과 똑같은 해법(일상의 사실 요소들과 "비전"을 결합할 방법)을 모색하는 소설가를 만날 수 있었다.[5]

—
호가스출판사에서 출간한 로저 프라이의 저서(1927).
"우리한테 로저의 유령이 나타났던 거야!"
프라이는 울프의 가까운 친구였고, 프라이의 예술관은 울프의 작업에 지대한 영향을 미쳤다.

자신의 글로 돌아온 울프는 원고를 잘라내고 또 잘라냈지만, 분량은 점점 늘어나기만 했다. 신문 플래카드의 헤드라인, 또는 베이스워터 로드의 특징에서부터 비둘기의 울음소리("테이크 투 쿠스, 태피, 테이크 투[take two coos, Taffy, take two]"), 또는 사람들이 매일 하고 사는 작은 거짓말에 이르기까지, 오랜 세월 동안 울프의 일기를 가득 채우고 있던 디테일들이 이제 이 소설을 가득 채워나갔다. 이런저런 물건이나 건물이나 의자나 코트나 신발(각 시대의 배경막과 소도구)의 색조와 감촉을 포착해내는 소설이었다.

《세월》과 《올랜도》의 재미와 장난을 비교하는 논의는 별로 없지만, 울프는 처음부터 두 소설을 연결시켰다. 그 관계를 일기에서 정리해보기도 했다.

"파지터 일가는 실은 올랜도의 사촌들이다. 《올랜도》가 나에게 《파지터 일가》를 쓰는 요령을 가르쳐주었다."[6]

울프는 《파지터 일가》에서도 《올랜도》에서와 같은 탄력과 드라마("1880년의 시공간과 지금 여기 사이에 놓여 있는 벼랑을 훌쩍 뛰어넘는 샤모아[알프스 산양] 같은 날렵한 도약")를 똑같이 느끼고 있었다. 초고를 쓸 때의 울프는 그렇게 벼랑을 가볍게 뛰어넘는 것만 같은 도약의 전율로 "새하얀 불빛과 뜨거운 열기에[incandescent]" 감싸여 있었다.[7]

오랫동안 작품의 소재가 계급적으로 협소하다고 비난당해왔던 울프는 《세월》에 하숙집과 구빈 활동, 원즈워스에서 온 지저분한 남자, 더러운 유대인에 대한 묘사를 포함시켰다(유대인 묘사로 악명을 떨치기도 했다).[8] 편견과 속물주의가 삶의 구성 요소들 중 하나임을 솔직하게(시원할 정도로, 그리고 때때로 역겨울 정도로 솔직하게) 인정하는 묘사들이었던 만큼, 비평가들을 달래주기보다 도발하게 되는 것은 어쩔 수 없었다.

《세월》은 울프가 처음으로 하인(충직한 크로스비)에게 일관성 있는 등장인물의 목소리를 부여한 소설이기도 하다. 울프 자신과 하인들 사이의 관계 그 자체가 한 편의 긴 대하소설이었고, 울프가 입주 하인이었던 넬리를 해고하고 출퇴근하는 파출부들과 함께 새로운 생활 리듬을 만들기 시작한 1934년은 이 대하소설의 고통스러운 클라이맥스였다.9 울프 자신이 넬리에게 느꼈던 복합적 감정이 크로스비의 초상을 그리는 바탕이 되었다.《세월》에서 크로스비를 내보내고 크로스비가 쓰던 방을 청소하던 엘리노어가 하인들이 생활하는 지하층이 얼마나 음산한지를 깨달으면서 죄스러움과 경악스러움을 느끼는 장면이 있다. 다루기 힘든 소재였지만, 울프는 솔직하게 다뤄보고 싶어 했다.

《세월》 vs 유령들

"이제까지 다른 책을 쓰면서는 느껴보지 못한" 강한 고양감 속에서 원고의 완성을 향해 달려가고 있던 울프에게 충격이 닥친 것은 그때였다.10 로저 프라이가 1934년 9월 7일에 쓰러져 이틀 후에 세상을 떠났다. 울프는 자기를 둘러싼 세계에서 "실체"가 빠져나가고 있다고 느꼈다.11

울프의 글에 심층적·지속적으로 영향을 미쳤던 것이 프라이의 미학이었고, 울프에게 활력이 되어주었던 것이 프라이의 우정이었다. 프라이는 항상 에너지를 뿜어내는 친구이자 열정적인 미술 비평가였다. 울프 부부와 프라이 남매의 그리스 여행(리턴 스트레이치가 세상을 떠나고 몇 달간 슬픔에 잠겨 있던 울프 부부에게 상당한 위안이 되어준 여행)을 가능케 한 힘은 주어진 삶을 즐길 줄 아는 로저 프라이의 재능이었다.

프라이가 세상을 떠났다는 것은 들리지 않게 된 목소리가 하나 더 생겼다는 뜻이었다. 울프는 그 슬픔을 에설에게 전하기도 했다. "아아, 우리가 말을 얼마나 많이 했는데. 그 세월이 20년인데."12

프라이의 장례식, 그리고 프라이를 애도하는 사람들 사이의 유대는 울프에게 감동을 안겨주었다. 울프 자신이 《파도》의 한 대목(퍼시발이 세상을 떠난 다음)에서 이야기한 것이 바로 그런 유대감이었다. 울프는 빅토리아 시대의 장례식이라는 과장된 의식(어린 시절에 너무 가짜 같다고 느꼈던 의식)에 거부감을 느끼는 사람이었지만, 때마다 마지막을 명확하게 매듭지으면서 경의를 표해야 하는 사람이기도 했다. 장례식을 하지 말라는 유언을 남김으로써 관습을 물리쳤던 리턴 스트레이치의 과감함이 울프에게는 흩어진 침묵을 남기고 떠나는 답답함일 뿐이라고 느껴졌다. 의미 있는 순간들을 세속화 시대에 어떻게 기념할 것인가를 항상 자문해보던 울프에게는 음악으로 시작해서 음악으로 끝나는 프라이의 장례식이 좀더 나은 대답인 듯했다.

프라이가 세상을 떠난 뒤였던 1935년 새해에 또 한 명의 친구 프랜시스 비렐Frances Birrell이 세상을 떠났을 때, 울프는 사방에서 유령들의 존재를 느끼기 시작했다. 블룸스버리의 죽음을 다루는 글이 나오고 있었다. 블룸스버리의 한 부분이 죽었다는 것도 부정할 수 없는 사실이었다.

1월에는 옛날 스타일의 흥겨운 파티가 열렸다. 빅토리아 시대를 살았던 윗세대에 대한 코믹 연극 《프레시워터*Freshwater*》(울프가 1920년대 초반에 처음 써서 이 파티를 위해 개작한 극본)이 공연된 것이 바로 이 파티에서였다. 바네사가 줄리아 마거릿 캐머런을 연기했고, 에이드리언은 성큼성큼 걸으면서 시 같은 것을 낭송하는 테니슨 Tennyson을 연기했다. 다들 웃고 즐기면서도 부재하는 친구들을 느끼고 있었다. 리허설 도중에 우연히 누가 와서 프라이의 그림 한 점을 돌려주고 갔다. 울프는 그때의 슬프고 오싹한 느낌을 일기에 남겼다.

"로저의 유령이 문을 두드렸다."13

때때로 울프는 자기가 사후생을 살고 있다는 느낌에 시달리곤 했다. 학생들은 울프를 주제로 학위논문을 쓰고 있었고, 조각가 스티븐 톰린Stephen Tomlin이 울프의 동상 작업을 위해 찾아오기도 했다. 울프는 자기의 삶이 이제 막 시작되었을 뿐이라고 되뇌어야 했다. 그 결심을 종종 일기에 남기기도 했다.

"한곳에 머물러 있지 않을 거야. 계속 변할 거야. 뇌를 열고 있을 거야. 눈을 뜨고 있을 거야. 논문 같은 것은 되지 않을 거야. 동상 같은 것은 되지 않을 거야."14

—
시 낭송을 녹음하는 이디스 시트웰Edith Sitwell(1927년 3월).
울프와 시트웰은 가까운 친구 사이는 아니었지만 서로를 멀리서 존경하는 사이였다.

《세월》이 완성되기까지

하지만 울프에게는 자기의 과거를 추억하고 변호하고 싶은 마음도 있었다. 오래전부터 친구들의 초상을 그릴 방법을 찾고 있던 울프가 이제 블룸스버리의 전기 작가가 되어달라는 요청을 받고 있었다. 스트레이치 일가는 울프가 리튼의 전기 작가가 되어주기를 원하면서도 정식 집필 청탁은 꺼리고 있었던 반면에 프라이 일가의 태도는 좀더 적극적이었다. 울프에게 편지 자료를 넘겨주기도 하고 울프의 의견을 묻기도 하고 써도 되는 것과 쓰면 안 되는 것을 정해주기도 했다.

이렇듯 1935년의 울프는 《파지터 일가》를 다시 쓰기 시작하면서 《로저 프라이》라는 새 책을 준비 중이었다. 소설 집필 작업이 한창이었지만, 배경에서는 전기 준비 작업(《로저 프라이》를 쓰기 위한 자료 검토, 선별, 인터뷰)도 함께 진행 중이었던 것이다. 그런데 울프는 양쪽 작업에서 똑같은 질문을 만났다. 공과 사는 어떤 관계일까? 써도 되는 것은 어느 선까지일까? 예컨대 프라이와 바네사가 한때 연인이었다는 이야기를 써도 될까? 프라이의 가족은 "쓰면 안 된다"라고 했고, 바네사는 반드시 써야 한다고 했다. 울프는 옛날에 사실을 은폐하고 쉬쉬하는 사람들에게 느꼈던 답답함을 어느 정도 다시 느껴야 했다. 집필 중인 소설에서 말을 하려고 입을 열다가 말문이 막히는 사람들을 등장시키면서 그런 답답함을 형상화해보기도 했다.

소설의 첫 번째 수정 작업("광란의 재타이핑 작업"[15])을 질주하듯 끝마친 울프는 두 번 째 수정 작업에서 속도를 줄이고 느긋한 작업

일정을 즐겼다. 매일 오전에 수정 사항을 타이핑하고 오후에는 대개 사람들을 만나거나 다른 일을 했다. 울프 부부가 활기찬 일상을 꾸려나간 데는 나이가 들고 친구들이 떠나간다는 느낌에 맞선다는 의미도 있었다. 두 사람은 새로 산 자동차를 타고 야심찬 여행을 떠나기도 했고, 첫 번째 수정 작업을 끝낸 울프는 두 번째 수정 작업을 위해 페이스를 조절하면서 즐길 만한 일과를 만들어나갔다. 매일 오전에는 수정 사항을 다시 타이핑했고, 오후에는 다른 사람들을 만나거나 다른 계획을 잡았다.

한편 버지니아와 레너드는 나이가 든다는 느낌, 친구들을 하나둘씩 잃는다는 느낌에 대항하면서 활기찬 일상을 꾸려나갔다. 새로 산 자동차를 타고 야심찬 여행을 즐기기도 했고, 엘리자베스 보웬을 비롯한 새 친구들을 사귀기도 했다. 그중에서도 버지니아는 기묘한 매력을 풍기는 시트웰 남매에게 열중했다. T. S. 엘리엇과는 좀더 가까워졌다. 동생 에이드리언과는 항상 좀 불편한 사이였지만, 에이드리언의 두 딸 앤과 주디스(이제 장성해서 당당하게 대학생이 된 조카들)에게 즐겁게 고모 노릇을 하기도 했다. 병약한 상태로 로스차일드 영지를 떠나온 '밋치'라는 이름의 마모셋(레너드의 새 애완동물)은 다른 친구들에 비해 미심쩍은 성격이었지만, 블룸스버리의 사교성을 금방 익힌 덕에 항상 무대에서 조명을 받을 수 있었다.

몽크스 하우스를 떠나온 울프는 런던에서 열흘간 진행한 일들을 1935년 10월 15일의 일기에 기록해놓았다. 당시에 울프가 한 주를 어떻게 보냈나를 엿보게 해주는 대목이다.

만난 사람: 재니. 월터. 조안 이스데일. 네사. 클라이브. 헬렌. 던컨. 리치먼드 파크(더 서펀타인에서 뱀을 봄) 콘서트에 갔다. 모건, 밥, 에스 윌리엄슨을 만났다. 오찬 연설을 부탁받았다. R의 초기 편지들을 다 읽고, 메모하고, 서재 책들도 읽었다. 키츠도 읽었고, 원고들도 읽었다.

이 일기의 압축적 표현을 잠시 해독해보는 것만으로도 이 한 주의 다사다망함을 충분히 감지할 수 있었다. 이 주에 제니 부시Janie Bussy와 프랑수아 월터François Walter가 찾아왔던 것은 어느 반파시즘 단체 문제를 의논하기 위해서였고, 이 주에 울프가 정리한 자료들은 주로 프라이의 전기를 위한 것들이었다. 호가스출판사의 출간 예정 원고들을 검토했던 것은 이 주에도 마찬가지였다. 이런 작업들과 함께 《세월》도 "착실히 진전" 중이었다. "평온, 충만, 완벽, 행복"의 시간이었다는 것이 울프의 표현이었다.[16] 이때가 행복의 시간이었던 것은 소설 작업의 순조로움 덕분이었다. 두 번째 초고의 마지막 한 줄이 나온 것은 12월이었다. 울프는 그때의 감흥을 일기에 적었다.

"이 책을 생각하면 생동감과 보람과 에너지가 느껴진다. 책을 쓰는 일이 이렇게 즐거웠던 적은 처음이다."[17]

재앙은 울프가 그 한 줄을 써넣은 직후에 시작되었다. 두통이 시작되었고, 생동하는 에너지에 비유되었던 소설이 병에 비유되기 시작했다. 책을 끝마치는 일이 "나의 뇌에서 한 덩어리의 근육을 (중략) 베어내는 수술"에 비유되기도 했다.[18] 원고를 처음부터 다시 읽는 것은 끔찍한 일이었고, 수정 작업은 절망스러운 고역이었다.

레너드는 5월에 버지니아의 작업을 중지시키고 콘월로 휴가를 떠났다. 위기 때 여러 번 사용한 방법이었다. 하지만 이번만큼은 성지순례 처방도 울프의 발병을 막을 수 없었다. 1913년 이래 최악의 신경쇠약이었다. 체중이 급격히 줄었고, 불면이 계속되었다. 여름을 앞두고 몽크스 하우스로 돌아온 버지니아는 한 번에 30분씩이라도 교정쇄(비난하듯 쌓여 있는 600쪽의 미검토 원고)를 검토해보려고 했지만, 그 시간을 채우기도 힘든 상태였다.

갱년기가 울프의 신경쇠약을 악화시켰다는 논의에도 개연성이 있다. 갱년기의 신체 증상들이 울프의 체력을 손상시켰으리라는 것은 확실하다. 갱년기에 위험이 닥치지 않을까 하는 것이 버지니아의 오랜 걱정이었는데, 근거가 없었던 걱정은 아니었다. 하지만 그렇게 따지면 한 편의 소설이 끝나는 시기가 울프에게는 언제나 위험한 시기였고, 갱년기 증상과 소설의 끝은 둘 다 울프의 손상시키는 요인이었다. 짧은 산책, 휴식, 강제 식사의 루틴이 다시 시작되었다.

교정쇄를 조심스럽게 집어들 수 있게 된 것은 가을이었다. 그렇게 원고를 단단히 붙들고 검토를 끝마친 버지니아는 원고 뭉치를 안고 레너드에게 갔다. 죽은 쥐를 물고 온 고양이 같은 심정이었다. 버지니아는 레너드에게 원고를 불태워달라고 하면서 교정쇄 비용을 사비로 충당할 계획을 세웠다. 레너드는 원고를 다 읽을 때까지 기다려달라고 했다. 레너드가 느낀 압박감은 어마어마

했다. 모든 것이 레너드의 판단에 달려 있었다. 버지니아는 레너드가 신호를 보내오기만을 기다렸다.

드디어 11월 5일에 눈물을 흘리면서 책을 내려놓은 레너드는 대단한 작품이라고 선언했다. 그 순간 버지니아는 기적이 일어난 듯했다.

"신이 내려주신 것만 같은 안도의 순간이었다."[19]

이렇게 파국을 피한 두 사람은 함께 루이스로 가서 '가이 포크스의 밤' 퍼레이드를 보았다. 어쨌든 《세월》의 출간 확정된 상황이었다. 울프는 서평이 뭐라고 하든 신경 쓰지 않을 작정이었다. 중요한 것은 책을 완성하고 살아남았다는 사실이었다. 일기를 쓰면서 자축의 시간을 가지기도 했다.

"그 여자였던 자신에게 축하를 보낸다. 지독한 우울증에 빠져 있던 여자, 수시로 두통에 시달리던 여자, 자신의 실패를 확신했던 여자, 그 여자가 결국 해낸 것 같다."[20]

《세월》이 말하는 것

《세월》이 울프를 자살 직전까지 몰아갔다는 것, 《세월》과 1930년대 중반의 정치 상황 사이에 밀접한 관계가 있다는 것, 《세월》이라는 픽션은 《3기니》라는 난폭한 논픽션과 짝을 이루는 작품이라는 것, 《세월》의 형식 패턴은 총체성의 비전보다는 와해와 결렬에 가깝다는 것은 모두 사실이다. 이 사실들 때문인지, 《세월》에 대한 비평은 그리 열렬하지 않은 경우가 대부분이다. 비평가들이 주로 강조하는 것은 실패와 고통(《세월》의 작가가 겪었던 실패와 고통, 그리고 《세월》의 등장인물들이 겪는 실패와 고통)이고, 비평가들이 주로 지적하는 것은 《세월》이 《파도》와 완전히 상반된 작품이라는 점, 곧 내면 세계(서정성)를 뒤로 하고 바깥 세계(복잡한 리얼리즘)를 향한다는 점이다. 《세월》은 울프의 소설들 중에서 가장 덜 읽히고 가장 덜 가르쳐지는 작품인 만큼, 지금 일반 독자 중에 《세월》을 읽는 독자는 간혹 드문드문 있을 뿐이다.

하지만 《세월》은 울프가 생존 작가일 때 영국 국내에서 가장 빨리 팔려나간 작품이었고 미국에서 베스트셀러 목록에 오른 유일한 작품이었다. 《세월》이 일반 독자에게 읽히기를 바란다는 뜻을 울프 자신이 분명하게 밝히기도 했다. 《파도》의 판매고에 대한 아쉬움을 드러내는 말이기도 하겠지만, 울프가 '일반 독자'를 중요시한 작가임을 기억하게 해주는 말이기도 하다.

울프가 "생동감"과 "보람"을 이 소설의 특징으로 꼽았다는 것도 우리가 기억할 점이다.[21] 울프가 "사실들"에게로 돌아섰던 것은 거기서 "무한한 기쁨"(40년 동안 자기 손으로 매일매일의 기록을 보관해놓은 그 거대한 창고에서 뭔가를 꺼내 펼쳐놓는다는 데서 오는 기쁨)을 느낄 수 있어서였다. 실제로 울프는 《세월》 곳곳에는 사실들에게 극도의 아름다움을 허용함으로써 자신이 일상의 것들을 미학적 쾌감의 대상으로 삼는다는 점을 솔직하게 보여준다. 《세월》은 어른거리는 물그림자 같은 작품, 정확히 포착할 수 없는 중요한 의미가 깃들어 있다는 느낌을 주는 작품이고, 《세월》의 등장인물들은 "또 다른 삶", "또 다른 세상"에 대한 막연한 비전을 어떻게든 표현해보고자 하

—

함께 있는 울프의 조카 줄리언 벨과 존 레먼

줄리언 벨의 친구였던 존 레먼은 호가스출판사에서 일했고, 1938년에 버지니아의 출판사 지분을 사들였다.

는 사람들이다.[22] 《세월》에서도 이면의 패턴을 찾는 일이 계속된다는 뜻이다. 엘리노어는 이렇게 자문해보기도 한다.

"그 패턴을 만드는 건 누구일까? 그 패턴을 생각해내는 건 누구일까?"[23]

울프는 과거뿐 아니라 미래에서도 구체적 감촉이 느껴지기를 원했다. 이 책에 《새벽》이라는 낭만적 제목을 붙이고 싶다는 충동을 느끼기도 했다. 이 충동은 울프 자신의 검열에 걸렸지만, 런던에 새로운 하루가 밝아오는 마지막 장면(엘리노어가 새로운 가정, 새로운 인생의 문턱에 서 있는 젊은 커플을 바라보는 장면)은 희미하면서도 밝은 희망을 안겨준다. 《파도》의 마지막 문장이 죽음과 싸우는 출격 나팔 소리라면, 《세월》의 마지막 이미지는 도시에서 점점 밝아오는 하늘("아름다움과 단순함과 평화"를 가져다주는 하늘)이다.[24]

하지만 《세월》은 오랫동안 많은 독자들에게 괴로움을 가져다준 어두운 책이기도 하다. 《세월》의 아름다운 순간들 속에는 흉한 상처, 편견, 무력감, 폐소 공포증이 섞여 있다. 서정적 흐름을 의도적으로 끊고 거북한 간극과 지루한 반복을 남기는 순간들도 많다. 소통이 되지 않는 순간이 거의 모든 페이지에 등장한다. 말을 틀리게 알아듣기도 하고 뜻을 틀리게 이해하기도 한다. 생각을 전달하려고 하면 마치 말 옮기기 게임처럼 전달 과정에서 왜곡된다. 마지막 파티에 참석한 엘리노어는 서로 이야기하는 사람들을 둘러보면서 우리가 진정으로 상대방의 말에 귀를 기울이는 때가 얼마나 될까 자문해본다.

《세월》은 이런 산만함과 부주의함(울프가 1930년대에 도처에서 발견한

바네사 벨, 〈찰스턴에서 로저 프라이와 줄리언 벨〉, 날짜 미상.

블룸스버리의 구세대와 신세대 사이에는 다정한 논의도 있었지만 언쟁도 있었다. 1930년대의 줄리언은 부모 세대의 반전주의를 비판하면서 파시즘을 물리칠 군사행동에 나설 것을 촉구했다.

현상)을 주제로 삼는 소설이기도 하다. 유럽은 위기로 치닫고 있었고, 모두가 유럽의 위기를 논의하고 있었지만, 문제는 무엇을 어떻게 할 것인가였다. 글에 집중하려고 하면 정치가 끼어들고 정치에 집중하려고 하면 글이 끼어든다는 것이 울프의 느낌이었다. 여러 종의 신문을 강박적으로 읽기도 했고 자기 자신의 반전주의를 조심스럽게 되돌아보면서 레너드를 상대로 매일 논쟁을 벌이기도 했지만(당시 레너드는 정치에 몸담은 상태였다), 1934년에 메이너드 케인스를 상대로 독일의 상황에 대해서 토론하던 중에 문득 자기가 염두에 두고 있던 것이 독일의 상황이 아니라 자기의 소설이었음을 깨닫기도 했다(울프 특유의 자기반성이었다). 1930년대 중반에 정치 상황이 점점 악화되던 때는 여러 운동 단체에 관여하기도 했다(그러면서 얼마나 더 관여해도 될 것인가를 고민했다). 하지만 근본적으로 울프에게는 소설이 곧 정치적 작업이었다. "생각하는 것이 나의 싸움법"이라는 것이 울프가 전쟁 중에 사용한 표현이었다.[25]

전쟁의 암운, 그리고 《3기니》

울프는 반대 입장을 가진 사람들에게 에워싸여 있었다. 레너드는 반전주의의 비현실성이 점점 강해진다고 보는 입장이었다. 당시에 호가스출판사의 경영을 맡고 있던 존 레먼을 포함해서 울프가 조카 줄리안을 통해 알게 된 젊은이들은 모두 파시즘에 맞서 무기를 들어야 한다고 보는 입장이었다. 모두 문학이 반파시즘의 대의에 복무해야 한다고 보는 입장이기도 했다(W. H. 오든 Auden, 스티븐 스펜더

Stephen Spender, 크리스토퍼 이셔우드Christopher Isherwood를 비롯한 모두가 자기 예술이 정치에 복무하고 있다고 보았다). 청년 작가들은 버지니아 울프를 위대한 문학가 선배로 존경하면서도 버지니아 울프의 반전주의에는 반대했다.

울프는 아량과 우려와 초연함이 뒤섞인 복잡한 태도로 대응했다. 참전주의자들은 자신의 중요성을 과대평가하는 에고티스트일 뿐이라는 것이 울프의 생각이었다. 스펜더는 울프에게 자기가 영국 공산당의 영웅이 될 수도 있으리라는 이야기를 늘어놓기도 했다(영국 공산당은 자기가 비극적으로 죽어서 바이런 같은 영웅이 되어주기를 바라더라는 이야기였다). 이런 식의 영웅 사냥이 한두 건이 아니리라는 것이 울프의 의심이었다.

다른 누구와의 관계보다 힘들어진 것은 줄리언과의 관계였다. 울프는 줄리언과 친하게 지내고 싶어 하면서도 줄리언의 문학 멘토 역할은 사양했다(줄리언의 시를 좋아할 수 없는 울프였다). 속으로는 별로라고 생각했다 해도 그렇게 솔직할 필요까지는 없었을 텐데, 울프의 태도는 단호했다. 줄리언이 심혈을 기울여 써낸 로저 프라이에 대한 긴 에세이를 대뜸 반려하기도 했다. 줄리언과의 관계가 힘들어지면서 바네사와의 관계도 불편해졌다. 아무도 그렇게 거북해지기를 원하지 않았는데, 울프는 왜 계속 그래야 했을까?

부분적으로는 자기방어였다. 줄리언은 행동주의를 고집하면서 울프를 불편하게 만들고 있었고, 울프는 탈세속의 시인이라는 캐리커처 자화상을 그리고 있었다. 하지만 자기가 정치적으로 참여적이라고 주장하는 경우도 있었다. 예컨대 1936년 6월에 울프는 갑자기 줄리언에게 찰스턴의 분위기를 장난스러우면서도 신랄하게 묘사하는 편지(울프 자신과 줄리언을 같은 진영으로 엮으면서 바네사와 던컨의 방관적 태도를 비판하는 편지)를 보냈다.

"두 사람은 분홍색과 노란색을 쳐다보면서 그렇게 앉아 있잖니. 온 유럽이 화염에 휩싸일 때, 두 사람이 하는 일은 전경에서 번쩍 하는 순간적 불빛에 미간을 찡그리면서 투덜거리는 것뿐이잖니."26

울프가 위선을 떨고 있었을까? 그렇게 앉아 있었던 것은 울프 자신도 마찬가지가 아니었을까? 앉아 있었던 것은 맞지만, 어쨌든 글을 쓰고 있었잖은가. 글을 쓰는 것만으로는 부족했을까?

안에 앉아서 밖을 내다보는 이미지는 그로부터 3년 뒤에《막간》에서도 사용되지만, 그때는 비판의 방향이 바뀌어 있었다. 자일스는 거실에 앉아서 전망을 내다보고 있는 자기 가족의 방관적 태도에 격분하지만, 자일스 자신도 똑같이 무력하다는 것 또한 꽤 분명하다. 자일스의 분노는 아무것도 이루어내지 못하는 반면, 마을 사람들(할 수 있을 때 할 수 있는 일을 하는 사람들, 전쟁이 닥치기 전에 전통적 형태의 연극을 무대에 올리는 사람들)은 최소한 자일스보다는 뭔가 중요한 일을 하고 있는 것 같다.

이렇듯 울프는 마지막 소설에서까지 줄리언과 대립하는 입장이었지만, 줄리언은 이미 세상을 떠나고 없었다. 줄리언이 프랑코와 싸우기 위해 '국제여단Brigadas Internacionales'에 입대한 것이 1937년이었고, 전사한 것이 그해 7월이었다. 바네사는 제정신이 아니었다. 바네사에게 자식들은 삶의 무조건적 중심이었고, 아들 줄리언의 죽음은 바네사가 끝내 극복하지 못할 상실이었다. 버지니아는 언니 바네사의 버팀목이 되는 일에 발 벗고 나섰고, 줄리언이 애초에 스페인으로 떠났던 이유를 이해해보려는 노력도 멈추지 않았다. 줄리언이 없는 미래는 "축 늘어진 모양, 비뚤어진 모양"이었다."27

이런 슬픔 속에서도 감사할 일이 있었다. 레너드와의 삶 자체가 감사할 일이었다. 레너드는 건강 문제로 여러 차례 전문의들을 찾아다녀야 했는데(그때마다 울프는 최악의 경우를 상상하면서 진찰실 앞을 서성거렸다), 결국 아무 이상이 없다는 진단을 받았다. 울프는 엄청난 안도감에 휩싸였다(앞서 《세월》의 위기를 넘긴 뒤와 비슷한 느낌이었다). 함께 시련을 겪고 함께 유예를 얻은 두 사람이었다. 타비스톡 스퀘어를 산책하는 두 사람의 '애정 행각'도 25년 전과 비슷했다.28 울프는 병 때문에 잃어버린 시간을 벌충해주고 소설을 펴내기까지의 긴 노역을 보상해주는 것만 같은 용솟음치는 활력을 느끼고 있었다.

울프는 이 에너지를 이용해서 단행본 분량의 에세이 《3기니》를 써냈다. 《3기니》는 여성의 경제적·정치적 역할을 고찰하면서 사회조직의 구조적 변혁을 제안하는 글(파시즘에 맞서 싸우는 데는 자기 사회를 변혁하는 것이 다른 나라에 폭탄을 떨어뜨리는 것보다는 좀더 효과적인 방법이리라고 말하는 글)이었다. 급진적이면서도 미묘하고, 과격하면서도 우회적인 글이었다. 울프는 프로파간다의 거두절미식 발언을 불신하는 작가였던 만큼, 글은 배배 꼬이면서 길어질 수밖에 없었다. 울프가 보았을 때, 현재 벌어지고 있는 문제들은 중간계급 사람들이 남과 여를 막론하고 공과 사에서 지난 수백 년에 걸쳐 보여온 행태와 매우 까다롭게 뒤얽혀 있었다. 히틀러 독재가 가부장 독재의 가장 폭력적인 형태이기는 하지만, 가부장 독재에 공모하는 사회라는 점에서는 모든 가부장 사회가 히틀러 독재와 마찬가지라는 것이 《3기니》의 주장이었다.

《3기니》가 당혹스러운 책, 상궤를 벗어난 책이라는 것이 울프의 친구들 중 다수의 생각이었다. 하지만 《3기니》가 난데없이 나타난 책은 아니었다. 울프가 이 책을 《자기만의 방》의 후속작이라고 생각했던 것으로도 알 수 있듯, 《3기니》는 1920년대의 작업과 연결될 수 있는 것은 물론이고, 하이드 파크 게이트에서 경험한 어린 시절의 억압들과도 연결될 수 있는 책이었다. 또한 《3기니》는 에설 스미스와의 계속된 대화를 통해 구체적 형태를 띠게 된 책이었고, 울프가 신문과 선언문과 회고록 등에서 수집한 다량의 인용문들을 고려한다면, 울프가 1930년대 내내 준비해온 책이기도 했다. 그렇게 보자면 《3기니》는 울프가 당대 사회를 재판에 회부하면서 제출한 엄청난 분량의 증거자료였다. 여러 해에 걸쳐 울프의 머릿속에서 부글부글 끓어오르던 논거가 《3기니》에서 "말 그대로 화산처럼" 터져 나왔다.[29]

《3기니》는 가족 관계, 교육계, 법조계, 종교계, 정부조직을 광범위하게 훑어나가는 책이었다. 《3기니》에서도 울프는 《세월》에서와 마찬가지로 가정 공간의 강한 정치성을 보여주었고, 그러면서 논의의 영역을 사적 공간에서 공적 공간으로 확장해나갔다. 울프는 이 책에 제복 입은 남자들(가발을 쓴 법조인, 교수 행렬, 미트라를 쓴 주교)의 사진을 여러 장 인쇄해 넣었다. 법정이나 대학교에 등장했다면 무소불위의 권력을 쥐고 있는 존재로 보였겠지만, 울프의 책에 실려 있으니 마냥 우스워보인다. 그렇게 보자면 《3기니》에

서 울프가 하는 일은 판사들을 재판에 회부하는 것, 그리고 '아웃
사이더(제복 없는 사람)'를 찍 소리 못하는 공경의 태도로부터 해방시
키는 것이다.

다른 삶을 살아갈 방법을 모색 중이라는 점은 소설 속의 등장인
물이나 울프 자신이나 마찬가지였다. 다른 삶을 살아갈 수 있으려
면 다른 사회관계를 만들 수 있어야 했고 다른 목소리를 들을 수
있어야 했다. 당장 결론 내릴 수는 없다 하더라도 생각을 내놓기
시작해볼 수는 있었다. 자기의 생각을 내놓은 울프는 할 일을 했
다는 안도감과 함께 《3기니》를 끝낼 수 있었다. 누군가가 어떻게
생각하느냐고 물어오면, 《3기니》를 읽으라고 말할 수 있게 되었
다. 이제 짐을 내려놓고 생각을 다른 데로 돌릴 자유를 얻은 느낌
이었다. 《세월》의 후반부에서 울프는 페기 파지터Peggy Pargiter에게
바로 그 느낌을 맛보게 해준다.

말하려고 노력했으니까 됐겠다 싶었다. 성공하지는 못했지
만 노력했으니까 이제 좀 쉴 수 있겠다 싶었다. 그 사람들의
비웃음에는 마음을 상하게 할 힘이 없었다. 그 사람들의 비웃
음이 드리우는 그늘을 벗어나 시골에 와 있다고 생각할 수 있
을 정도였다. 두 눈을 반쯤 감고 있노라니, 어느새 테라스였
고, 저녁이었다. 부엉이가 꾸벅꾸벅 졸고 있었다. 생울타리의
검은색 뒤로 부엉이의 하얀색 날개가 보였고, 시골 사람들의
노래하는 소리, 도로의 바퀴 굴러가는 소리가 들렸다.30

10
서식스

《로저 프라이》의 시간

1938년 여름, 울프 부부는 베란다가 딸린 방 한 칸을 몽크스 하우스 다락층에 새로 만들었다. 저녁에 바깥 공기를 마시면서 책을 읽을 수 있는 곳이었다. 버지니아는 더위와 평화 속에서 세비녜 부인의 열네 권짜리 서간집을 기껍게 집어들었다. 매일 오후에는 한참씩 다운스 구릉을 산책했고, 식사가 끝나면 풀밭에서 론볼스를 즐기다가 축음기로 음악을 들으면서 다시 책을 집어들었다. 나이가 들면서 어떻게 살아야 자유롭고 발전적일까를 생각하는 일이 많아졌다. 이제 쉰여섯 살이 된 버지니아는 향후 10년의 계획을 세우고 있었다.

하지만 라디오를 틀면 모든 것이 달라졌다. 아돌프 히틀러의 "지독한 고함"과 "야만스러운 아우성"이 들려왔다.[1] 울프는 1914년 8월의 전쟁을 떠올렸다. 하지만 이번에는 크리스마스까지 끝낼 수 있는 정당한 전쟁이라는 착각에 빠지는 것이 불가능했다. 이번 전쟁은 모두가 "제 발로 수렁 속에 걸어 들어가고 있다"라는 느낌을 주는 전쟁이었다.2 이번에도 울프에게 현재의 감정을 가늠할 척도는 어린 시절에 하이드 파크 게이트에서 느꼈던 불안감이었다. 울프는 최악의 사태가 닥치기를 기다리고 있는 무력한 어린아이로 돌아가 있었다.

"정치라고 하면, 위층에서는 병자가 서서히 죽어 가는데, 다 함께 아래층에 앉아 있는 느낌."3

그해 가을에는 뮌헨의 위기가 범죄적으로 유예되었다[9월 30일 뮌헨 협정-옮긴이]. 10월까지 좋은 날씨가 이어졌지만, 매일이 최후의 날이어야 할 것처럼 느껴졌다.

울프는 자기가 《로저 프라이》 작업에 몰입할 수 있음을 고맙게 여겼다. 매일 아침 히틀러 대신 프라이를 생각하게 된다는 사실이 다행스럽게 느껴졌고, 《로저 프라이》 작업이 진척될수록 프라이라는 인물이 점점 존경스럽게 느껴졌다. 하지만 《로저 프라이》는 고된 작업이었다. 울프는 엄청난 분량의 자료를 읽어나가면서 엄청난 분량의 원고를 다시 썼다. 울프가 씨름한 문제는 전경의 인물을 생생하게 그리면서 동시에 배경에 필요한 사실을 모두 넣으려면 어떻게 해야 하는가라는 문제였다.

"하늘을 마음껏 날아다니는 글이면서 동시에 정확한 글을 쓰려면?"4

울프는 읽어야 할 자료를 전부 읽은 뒤에도 자기가 프라이의 그림에 대해서 논평할 자격이 없다고 느꼈다. 울프가 던컨 그랜트에게 프라이의 그림을 "기법적으로 음미하는" 글을 써달라고 했던 것은 울프의 그런 철두철미함을 보여주는 전형적인 사례였다(그랜트의 글은《로저 프라이》의 부록으로 실렸지만, 기법을 다룬 글이 아니었을 뿐 아니라 울프가 직접 할 수 없었을 것 같은 내용은 전혀 없는 글이었다). 울프가 이렇게 불안해한 데는 프라이를 사랑했던 사람들에 대한 책임감과 함께 자신이 쓰는 글이 프라이의 사후생을 만들어내고 있다는 깨달음이 있었다.《로저 프라이》가 출간되었을 때 울프가 말했듯, 울프와 프라이 두 사람이 함께 프라이의 이미지를 탄생시켰다는 느낌, 그런데 프라이에게는 "이런 이미지의 프라이"를 바꿀 힘이 없구나 하는 느낌이었다.[5]

《로저 프라이》에서 울프는 저자의 견해를 최소화하고자 변했다. 버지니아 울프를 3인칭으로 등장시킬 정도였다. 개인적 차원을 어떻게 극복할 것인가(울프가 소설이라는 장르 앞에서 오랫동안 고민해온 문제이자 에설에게 써 보낸 편지들 속에서 명료하게 정리해본 문제)가《로저 프라이》에서 그 지점이 다시 중요해진 것이었다. 울프는 전기와 관련된 여러 가지 실험으로 유명해진 작가, 곧 올랜도의 전기와 플러시의 전기를 쓴 작가이자 다른 저자들의 전기를 서평하는 방식으로 캐릭터 전달의 새로운 방법을 제안해온 작가였다. 하지만《로저 프라이》를 써나갈 때의 울프는 자신의 실험이 아닌 로저의 실험에 초점을 맞추고자 했다. 울프는 자기가 장인의 역할, 가구를 만드는 목수 같은 역할을 맡았다고 생각했다. 그렇게 만들어낸다는 것은 여러 달의 "고생"과 "허드렛일"이 필요한 "무시무시하게 힘들어 보이는" 일이었지만, 울프는 제대로 만들어낼 작정이었다.[6]

《로저 프라이》는 전통적인 형식의 전기인 만큼 문학적으로는 별로 흥미로울 것이 없는 작품이라고 생각되는 경우가 많았다.

—
몽크스 하우스의 풍경.

"여기서는 목초지 너머로 카본 산이 바라다보여요."

울프는 장소의 거장들 가운데 하나다. 몽크스 하우스의 울프는 날마다 주변의 습지와 농지와 다운스 구릉을 산책했다.

《로저 프라이》가 혁신을 표방하는 작품이 아니라는 것도 사실이다. 하지만 전기 작가 울프가 평생 축적해온 대발견 가운데 몇 가지를 효과적으로 활용하는 책이 바로 《로저 프라이》인 것도 사실이다. 울프는 프라이의 스튜디오에 들어차 있는 온갖 물건들을 하나하나 늘어놓으면서 독자가 그곳에 살았던 사람의 생활을 추측해보게 한다는 점에서 과연 《제이콥의 방》의 작가였고, 헬렌 프라이의 죽음을 대뜸 각주로 처리하는 점이나 프라이의 삶에 "드러나지 않은 중심"이 있다는 내용과 프라이가 "비전의 순간"에 자기 삶 전체를 조망할 수 있었다는 내용이 되풀이된다는 점에서는 과연 《등대로》의 작가였다.7

《로저 프라이》는 전체적으로 작가의 감정을 억누르는 책이지만, 간혹 울프의 연민이 거의 수면 위로 떠오르는 대목들도 없지 않다. 아내를 요양소로 떠나보내는 대목도 그중 하나다.

"프라이는 사적인 행복의 파탄에 직면하는 유일한 방법이 일하기라는 사실을 처음 실감했다. 그리고 그 뒤로 여러 번 더 그 사실을 실감해야 했다."8

프라이가 1914~18년 전쟁 중에 생활이 피폐해졌을 때 했던 말을 그대로 옮긴 대목도 있다.

"아아, 전쟁의 권태로움이여. 사람을 죽이는 방법은 사람이 사는 방법에 비해 너무 단조롭잖은가."9

1939년 3월에 초고를 완성한 울프는 일상이 모순이었던 또 한 번의 더운 여름 내내 수정 작업을 이어나갔다. 라디오에서 흘러나오는 히틀러의 정신병적이고 단조롭고 시끄러운 목소리에 비하면, 울프를 둘러싼 생활이 오히려 훨씬 더 현실적이고 다채롭게 보일 정도였다.

그해 여름, 울프는 대부분의 사람들처럼 신경이 곤두서 있었다. 타비스톡 스퀘어에서 건축 소음이 심해지면서 거처를 옮겨야 한다는 스트레스까지 더해졌다. 일단 이삿짐을 싸서 메클렌버그 스퀘어Mecklenburgh Squre로 옮겨놓았지만 런던에 머물러 있기가 너무 불안했다. 결국 울프 부부는 풀지 않은 이삿짐을 거의 그대로 내버려두고 몽크스 하우스로 갔다. 두 사람의 피로감은 대화에 섞이는 짜증으로 나타났다. 레너드는 원했으나 버지니아는 원치 않았던 온실 때문에 레너드도 버지니아도 원치 않았던 언쟁이 생기기도 했다.

《포인츠 홀Pointz Hall》의 시작

하지만 버지니아에게 서식스 풍경은 그 어느 때보다 평화롭고 아름답게 느껴졌다. 평화를 누릴 수 있는 마지막 날이리라고 생각한 어느 날에는 곡식더미 아래 드러누워 "추수가 끝난 들판과 연분홍색 구름들"을 바라보기도 했다.[10]

해마다 여름을 보내고 런던으로 돌아갔던 버지니아와 레너드는 버지니아가 병이 났던 1913년 이래 처음으로 가을, 겨울까지 서식스에 머물러 있었다. 시골생활의 리듬이 몸에 배면서, 마을과 엮이는 일도 많아졌다. 이웃 사람들은 수시로 들이닥쳐서 잡담을 늘어놓았다. '로드멜Rodmell 여성회'는 버지니아를 회계 담당자로 선출해놓고 마을 연극을 돕는 일에 끌어들였다. 마을 목사관은 응급처치 실습장이 되었다. 레너드는 '홈가드'에 입대하더니 집에 있던 냄비들을 비행기 재료로 기부했다. 집으로 찾아온 경찰은 등화관제용 암막을 왜 제대로 안 치냐고 혼을 냈다. 식료품 가게 주인은 차를 정해진 배급량보다 많이 챙겨주었다. 로드멜은 가십의 예술에서 블룸스버리에 필적하는 곳이었다. 버스에서 한 수녀가 남자 손 한쪽을 차비로 냈다는 가십이 돌기도 했다.

마을 사람들에게는 혼잣말을 중얼거리면서 한참씩 걸어 다니는 미시스 울프의 모습이 수상해보일 수도 있었고 미시스 울프의 성격이 성급하고 산만하게 느껴질 수도 있었지만, 그럼에도 미시스 울프의 마을 내 호감도는 점점 높아졌다. 반면에 울프가 마을에 대해서 느끼는 감정은 극히 복합적이었다. 때때로 울프는 사람들이 자기를 염치없이 이용하고 있다는 느낌을 충격적일 만큼 사납게 표출했다. 하지만 다운스 구릉까지 산책을 나갔다가 저녁에 습지를 가로질러 마을로 돌아올 때면 어서 와서 쉬라는 듯 옹기종기 모여 있는 불빛들의 모습에서 기쁨을 느꼈다. 이렇듯 공동체는 울프에게 깊은 호소력을 갖는 근원적 개념이었고, 울프는 이 개념에 대한 글을 써보고자 했다.

울프는 《로저 프라이》를 쓰는 내내 소설 한 편을 구상해보고 있었다. 여러 책을 동시에 진행시키면서 한 책을 다른 책으로부터의 휴식이자 기분전환으로 삼는 작업 방식(울프가 사용한 표현을 빌리면, "윤작" 패턴)[11]을 채택한 것은 이때도 마찬가지였다. 《포인츠 홀》이라는 제목의 새 소설(마지막 순간에 《막간》으로 바뀐 소설)은 1939년 6월에 오래된 저택의 경내에서 마을 패전트[중세 영국에서 유행하던 야외극—옮긴이]를 공연하는 이야기였다. 생생한 배경 속에서 하루 동안 펼쳐지는 이야기라는 점에서는 이전의 《댈러웨이 부인》와 연결되지만, 이번의 배경은 런던이 아니라 시골의 구릉지였다. 오후의 들판은 멀리서 암소 기침 소리까지 들려올 정도로 조용하고, "햇빛에 노랗게 물든 접시" 위에서는 관능적인 나비 한마리가 일광욕 중이다.12 전체적으로는 축제 분위기다. 축사 건물에는 종이 화환들이 가로로 길게 장식되어 있고, 탁자에는 관객들과 배우들을 위한 다과가 차려져 있다.

울프는 서식스에서 시골 풍경을 바라보면서 "뻐꾸기의 노랫소리, 온갖 새들의 노랫소리 뒤편에 도사리고 있는 으르렁 소리, 눈에 보이는 하늘 뒤편에 도사리고 있는 용광로"를 느낄 수 있었다.13 돈, 요리, 작업 같은 일상의 문제에 골몰해 있는 동안에도 눈에 보이지 않는 곳에 용광로가 도사리고 있다는 느낌은 좀처럼 떨쳐지지 않았다. 평화롭고 교양 있는 《막간》의 전경 뒤편에도 이 시뻘건 용광로가 도사리고 있다. 독자는 연극을 보러 온 마을 사람들의 대화를 단편적으로 듣게 되는데, 이런 대화에도 새 저수지를 둘러싼 걱정과 공습이 있으리라는 걱정이 한데 섞여 있다. 작은 균열이 생길 때마다 걱정과 폭력이 번득이지만, 하나의 어조가 오래 주도권을 잡지는 못한다. 공연 중에 갑자기 소나기가 쏟아지면서 관객들이 쫄딱 젖게 되는 장면은 전체적으로 코믹하지만, 한순간 동안만큼은 무한한 슬픔의 비전이기도 하다.

"쏟아지는 비는 세상 모든 사람들의 눈물 같았다. 주룩, 주룩, 주룩."14

이렇듯《막간》은 흐름이 끊기는 장면들로 이루어져 있다. 대화가 중단되기도 하고 배우가 대사를 빠뜨리기도 한다. 공연이 시작된 뒤에도 이야기하거나 돌아다니는 사람들이 있고, 공연의 중단과 재개가 반복되기도 한다. 그러면서 마치 만화경처럼 계속 새로운 패턴이 만들어진다.《막간》에서는 누군가가 죽음을 앞두고 스스로의 삶을 처음부터 돌려보는 듯한 강렬함이 느껴지는 대목이 있는가 하면, 그렇게 서서히 죽어가는 누군가가 본론을 벗어나 낮은 목소리로 띄엄띄엄 날씨 이야기를 하고 있는 듯한, 그래서 단어 하나하나가 마지막이라는 의식 때문에 묵직해지는 듯한 대목도 있다. 여기서 그 누군가는 바로 잉글랜드의 시골 공동체다.

흐름이 끊기는 대목들 중에서도 마을 목사의 패전트 폐막 연설 대목은 단연 불길하다. 목사는 연설을 중단하고 귀를 기울이면서 "어디서 음악 소리가 나나?"라고 한다. 연설은 재개되지만 한 단어("opportunity")가 두 조각("opp"과 "ortunity")으로 갈라진다. 목사가 들었던 소리는 음악 소리가 아니라 "전투기 열두 대의 완벽한 편대 비행" 소리였다.15 전투기들이 지나가면서 "쌩 하는 소리가 웅 하는 소리로 바뀌고", 목사의 연설이 다시 이어지고, 관객들 사이로 모금함이 돌고, 새로운 관심의 대상이 나타난다.

1939년 6월에《막간》상공에서는 훈련 중인 전투기들이 나타났지만, 한해 뒤에 울프가 몽크스 하우스에서《막간》을 수정할 때 서식스 상공에서는 '영국 본토 항공전'이 한창이었다.

7월의 일기: "내 방 창문을 열면 독일어가 들린다, 독일군을 찾는

—
다이애나 가드너Diana Gardner, 〈초저공 비행〉, 1940.

다이애나 가드너는 로드멜 시절 울프 부부의 이웃이었다. 울프의 일기에도 이 장면이 기록되어 있다.

"어제, 18일 일요일, 굉음이 들렸다. 울부짖는 비행기가 바로 머리 위를 스쳐 지나갔다. 울부짖는 상어를 쳐다보는 피라미처럼 나는 비행기를 쳐다보았다. 순식간에 지나갔다. (중략) 런던행 폭격기 다섯 대의 저공비행이었다고 한다. 저공 신기록이었다고 한다."

탐조등 불빛이 거대한 다리들처럼 목초지를 왔다 갔다 한다."16

8월의 일기: "우리는 바닥에 엎드려 양손을 머리에 올렸다. 이를 악 물지 마, 라고 L이 말했다."

폭탄들이 울프의 오두막 작업실 창문까지 흔들어대고 있었다.

"습지에서 말 우는 소리가 들려왔다. 너무 더운 날씨. 이거 천둥인가, 라고 내가 물었다. 아니 포탄이야, 라고 L이 말했다. 들리는 방향은 링머, 찰스턴 쪽."17

울프는 시싱허스트의 비타에게 전화를 걸었고, 비타는 쏟아지는 폭탄 사이에서 전화를 받았다.

울프는 가을에 런던을 둘러보러 갔다. 타비스톡 스퀘어 52번지는 부서져 있었다. 울프의 작업실이었던 방에서는 벽 하나가 겨우 서 있을 뿐이었고, 남은 것은 "내가 많은 책을 썼던 곳의 잔해"뿐이었다.18 메클렌버그 스퀘어 37번지 역시 "쓰레기, 깨진 유리, 검은 먼지, 석회 가루"뿐이었다.19 울프는 폐허가 된 건물을 보면서 이상한 안도감을 느꼈다. 올 것이 왔다는 느낌, 과거와 깨끗이 결별했다는 느낌이었다.

레너드와 버지니아는 어떻게 죽을까를 의논했다. 유대인 지식인과 소설가 부부는 최악의 핍박을 예상할 수 있었던 만큼, 나치가 침공해올 경우 신속한 조치가 필요했다. 두 사람은 함께 차고에 들어가 문을 닫고 자동차 배기가스를 들이마신다는 진지한 계획을 세웠다. 레너드는 이 계획을 위해 여분의 휘발유를 사놓았고, 나중에 에이드리언은 두 사람이 휘발유 대신 사용할 수 있도록 치사량의 모르핀을 구해주었다. 공습이 특별한 공포의 대상이 아니었던 것은 이런 맥락에서였다. 전투기의 웅 하는 소리가 바로 머리 위를 지나간 어느 밤에 버지니아가 일기에 적었듯, "오늘처럼 맑고 시원하고 환한 8월의 저녁에 론볼 시합을 하던 중에 죽는 것도 평화로운, 예사로운[matter of fact] 죽음"일 듯했다.[20]

이렇듯 "예사"는 울프의 말버릇 중 하나가 되었지만, 상시적 불안은 울프의 건강에 해로운 영향을 미치고 있었다. 손 떨림 증상이 생겼고, 기분이 수시로 오락가락하는 탓에 여러 가지 글을 한꺼번에 읽는 습관은 더 심해져 있었다. 이 책 저 책 집어들 뿐 읽어나가지 못하는 상태였다.《막간》의 아이사가 도서관을 둘러볼 때 느끼는 것이 바로 이 초조감, 곧 약국에서 진통제를 찾는 치통 환자 같은 초조감이었다. 울프는 인생을 '쿨'하게 끝내겠다고 생각하면서 "내가 읽어야 하는 것은 셰익스피어가 아닐까?"라고 자문해보지만, 그 어느 것에도 집중하기 힘든 상태였다.[21]

기억을 정리하는 의미로서의 회고록

작업 중인 글도 여러 편이었다. 당시의 울프가 에세이와 단편소설의 청탁을 계속 수락했던 것은 돈을 벌어야 한다는 생각 때문이기도 했지만 글이 불필요하게 느껴질 수 있는 시기에 독자의 존재를 느끼고 싶어서이기도 했다.《로저 프라이》출간을 감독하는 일,《막간》초고를 수정하는 일도 했고, 큰 작업 두 가지를 새로 기획하는 일이 동시에 진행 중이었다. 울프가 위기의 시기를 대면한 방법은 프라이가 썼던 방법, 곧 "일하기"였다.

회고록 작업을 위한 메모가 시작된 것은 전쟁 발발 직전에 바네사가 당장 시작하지 않으면 너무 늦으리라는 경고의 말을 보내왔을 때였다. 써놓은 일기는 스물네 권이었고, 자료가 부족할 위험은 없었다. 한 사람의 삶에 대한 세상에서 가장 복잡다단한 자료 중 하나였다.

울프가 1939년에 수백 종의 다른 문서들과 함께 메클렌버그 스퀘어 37번지에 가져다 놓은 이 일기는 메클렌버그 스퀘어 폭격 당시에도 그대로 집 안에 있었다. 아파트 건물이 완전히 무너지기 전에 폭격의 폐허 사이에서 일기를 건져낸 울프는 하마터면 소실될 뻔했던 자료를 이제 좀 이용해보기로 했다. 하지만 울프의 일기는 유년기로부터 시작하는 회고록 작업에서 유일한 자료가 될 수는 없었다. 양친의 편지도 참조해야 했고, 여전히 생생한 울프 자신의 기억들도 참조해야 했다. 울프가 또 한 번 어린 시절로 돌아간 것은 그 때문이었다.

울프는 이렇듯 과거에 대해서 글을 씀으로서 1939년과 1940년의 산만한 생활을 좀더 현실감 있게 느낄 수 있었다. 원근감과 방향 감각을 얻었다고 할 수도 있었다. 울프는 이 작업을 통해 의식적으로 "이렇게 부서진 표면에 과거를 들여와 그림자를" 드리우고 있었다.[22] 이 작업에서는 폭격으로 잿더미가 된 집에서 출발해 세인트 아이브스의 여름 별장으로 가는 것도 가능했고, 하이드 파크 게이트의 모든 방을 하나하나 들여다보면서 가구의 목록을 작성하는 것도 가능했다. 울프는 자신이 이 시점에 이런 회고록을 통해 도대체 무엇을 하려고 하는 것인지에 대한 예민한 의식이 있었다. 울프가 자신의 작가 인생에 대해서 내놓은 가장 통찰력 있는 논평 몇 가지가 바로 이 시점의 메모들(울프가 실수로 휴지통에 버렸다가 나중에 찾아낸 낙서 같은 메모들)로부터 나온 〈과거의 스케치〉에 포함되어 있다. 울프가 자신의 "완충 능력"을 묘사하는 글, 그리고 울프가 "완충재" 너머에서 모종의 패턴을 예감하는 글도 여기에 포함되어 있다.

이 회고록에는 오랜 세월 동안 울프의 기억 속에 그대로 남아 있던 생생한 장면들에 대한 기록도 있었고, 울프가 실제로 볼 수는 없었을 장면들에 대한 상상도 있었다(예컨대 울프의 양친은 울프가 태어나기 전에 어떤 생활을 하고 있었는지, 울프가 아기였을 때 어른들 사이에서는 어떤 대화가 오가고 있었는지도 이 글에 포함되어 있다). 《등대로》에서와 마찬가지로 이 회고록에서도 울프는 부모와 형제를 중요한 인물들로 등장시키면서 아이가 각각의 인물을 어떻게 바라보는지와 함께 각각의 인물이 저마다 어떻게 움직이는지를 그리고자 했다. 그들은 어떤 동기에 따라 움직였을까? 빅토리아 시대의 가정이라는 그 이상한 "기계"는 대체 무슨 동력으로 그렇게 작동될 수 있었을까?

울프는 부모의 기억에 크게 좌우되는 삶을 살아왔던 자신이 《등대로》를 씀으로써 그 기억의 힘을 "문질러 지웠다"는 것을 알고 있었지만, 그 기억이 힘이 아예 지워져 없어진 것은 아니었다.23 동심원을 그리면서 밖으로 퍼져나가던 회고록은 어김없이, 하릴없이 줄리아의 죽음으로 돌아왔다.

아빠에 대한 감정도 그대로이기는 마찬가지였다. 울프는 자기가 여전히 아빠에게 화가 나 있다는 것, 자기가 여전히 아빠의 행태에 대한 육체적 분노로 글로 써내고 있다는 것을 알게 되었다. "공포", "고문", "만행" 같은 걸러지지 않은 표현들을 사용하기도 했다.[24] 바네사는 아빠를 증오하고 거부하는 딸이었던 반면, 버지니아는 좀더 복합적이고 만성적인 '양가감정'(프로이트의 용어)에 붙잡혀 있었다(울프가 프로이트의 개념들을 알고 있었던 것은 예전부터였지만, 프로이드의 글을 직접 읽은 것은 회고록을 쓰던 당시였다). 울프는 아빠("이렇게 탈속적이고 매우 위엄 있고 고독한 남자")를 여전히 사랑하고 있었던 만큼, 자신의 분노는 꽤 충격적이었다.[25]

1940년 11월의 버지니아 울프에게 그 괴로운 과거에 직면해야하는 외적인 이유가 있는 것은 아니었다. 자청한 괴로움이었다. 처음에는 주변에서 맴돌았지만 나중에는 중심으로 "뛰어들었다." 그렇게 안으로 들어간 후에는 밖으로 나오지 못했다. 물리적 결박의 이미지들이 사용되기도 했다. 예컨대 조지 덕워스로 대표되는 사교계의 요구들은 고문장치가 몸을 결박하고 날카로운 이빨로 옥죄어오는 이미지로 표현되었다.[26] 휴식용 작업으로 시작되었던 회고록마저 몸을 옥죄어오고 있었다.

《포인츠 홀》의 완성(그리고 한 편의 소설을 완성한 직후에 찾아오는 취약한 시기)를 앞두고 있었던 것은 바로 그 무렵이었다. 위험을 느끼면서 다른 생각 거리가 필요하다는 것을 깨달은 울프는 곧바로 차기작으로 시선을 돌렸다.《막간》의 마지막 장면에서 미스 라 트로브의 다음 연극처럼 울프의 다음 책도 "수면 위로" 떠오르고 있었다.[27]

마음을 담은 문학사 작업

울프는 숲속에서 새소리에 귀를 기울이는 한 사람으로부터 시작되는 문학사를 쓸 생각이었다. 울프의 마음은 여러 계획들로 한껏 부풀어 있었다. 《포인츠 홀》과 마찬가지로 요약의 의미가 있는 작품, "내가 지난 20년간 읽고 쓴" 문학을 기념한다는 의미가 포함된 작품을 쓸 생각이었다(두 작품 사이에는 밀접한 관계가 있었다).[28] 자신을 둘러싼 장소들을 기념한다는 의미도 있었다. 울프가 보여주고 싶어 한 것은 잉글랜드 풍경이 문학을 읽고 쓰는 배경이기만 한 것이 아니라 문학을 형성, 변형하는 힘이기도 하다는 것이었다. 울프는 작가들과 작가들을 둘러싼 "배경"(글을 쓸 때 창밖에 펼쳐져 있는 전망)을 이야기하고 싶었다.[29] 《포인츠 홀》에서 이미 잉글랜드에 대한 수많은 이야기를 펼쳐놓은 울프였지만, 잉글랜드 풍경을 열렬히 그리고 싶다는 마음은 수그러들지 않았다. 잉글랜드의 "믿기지 않는 아름다움"에 대한 경탄을 일기에 남기기도 했다.

"잉글랜드에서 이렇게 위로와 온기를 얻잖아."[30]

새 책의 집필을 시작한 울프는 중세 시인들의 무대였던 시골 풍경을 떠올리면서 한 이름 없는 가객(마을의 오두막들을 뒤로하고 노래를 흥얼거리면서 다운스 구릉을 넘고 습지의 질척질척한 길을 지나는 모습, 영주의 장원을 찾아가 저택 뒷문에서 노래를 부르는 모습)을 상상해보았다. 뱅크사이드 너머로 허허벌판이던 시절의 런던을 떠올리면서 당시의 연극(배우들이 야외무대에서 연기하는 모습, 관객들이 싸구려 자리를 잡고 연기에 갈채를 보내는 모습)을 상상해보기도 했다. 울프는 새 책의 첫 장에 중세의 문화로 모종의 본능적 공동체 감각을 연상시키는 〈무명 씨〉라는 제목을 붙였다. 작가의 이름이 알려진다는 것 자체를 생각해본 적이 없는 작가들을 가리키는 제목이었다.

울프는 이렇듯 자아본위에서 벗어나는 것을 중요한 미덕이라고 여겼다. 울프가 자기 자신의 에고티즘을 비판하고 제어했던 것은 첫 일기를 쓸 때부터였다.[31] 유명 작가의 삶을 살아오면서도 사진 촬영과 인터뷰를 거절하는 경우가 많았다. 〈과거의 스케치〉는 타인들의 관점을 설득력 있게 재구성함으로써 저자 자신의 관점을 시험대에 올린다는 의미에서도 특이한 회고록이었다. 이 글에서 울프는 자신이 이런 사고방식을 가질 수 있게 되었다는 것이 아빠의 자아 본위적 행동에서 배운 유일한 교훈이었다고 말하기도 한다.

"이 세상에 에고티즘만큼 무서운 악덕도 없다."[32]

울프가 차기작 첫 장에 〈무명 씨〉라는 제목을 써넣은 데는 이렇듯 1940년까지 이어지고 있던 부녀간의 싸움이 있었다. 울프가 다음 장에 붙인 제목은 그냥 〈독자〉였다.

울프는 이 책을 계속 쓰고 싶은 마음이었지만, 죽음을 피할 수 없다면 이 책이야말로 미완성 유고로 적당할 듯했다. 그 심정을 에설에게 전하기도 했다.

"셰익스피어 챕터를 쓰고 있을 때쯤이면 공습이 한창이겠지요. 그래서 챕터를 마무리할 대단히 괜찮은 마지막 장면을 준비해놨어요. 깜빡 잊고 방독면을 쓰지 않은 채로 셰익스피어를 읽다가 멀리멀리 사라져갔어요. 그렇게 다 잊고······."[33]

울프가 《막간》을 쓸 때부터 염두에 두고 있던 것이 바로 키츠의 〈나이팅게일에게 바치는 노래Ode to a Nighingale〉에 나오는 이 구절

—
지젤 프로인트Gisèle Freund가 찍은 레너드 울프.

레너드가 울프의 삶에 미친 영향은 연구자들 사이의 논란거리 중 하나다. 레너드는 1969
년에 뇌졸중으로 세상을 떠났고, 버지니아 울프 곁에 묻혔다

이다. 인용구를 찾던 아이사가 가장 먼저 머릿속에 떠올리는 것이
바로 이 망각 판타지였다.

> 멀리멀리 사라져가겠소, 사라져 없어지겠소,
> 그곳의 당신은 결코 알지 못할 이곳 일은 다 잊겠소,
> 고단한 몸, 초조한 마음, 서로의 신음을 들어주는 것밖에는
> 아무것도 할 수 없는 이곳 사람들의 일은 다 잊겠소.

《막간》의 완성

1941년 1월의 울프는 작업의 기쁨 속에서도 깊은 절망과 싸우고
있었다. 절망을 인정하면서 절망의 "늪"에 집어삼켜지지 않을 것
을 다짐하는 일기를 쓰기도 했다.[34] 손님을 맞는 일, 편지를 쓰는
일, 《막간》의 타자본을 수정하는 일도 소홀히 하지 않았다. 주말에
엘리자베스 보웬이 찾아왔을 때는 몽크스 하우스에서 웃음소리가
들리기도 했다.

2월 25일 울프는 수정 작업을 끝내고 레너드에게 《막간》의 원
고를 건넸다. 울프의 건강이 급속도로 악화된 것은 그때부터였다.
머리를 쉬게 하면서 시간을 보낼 필요가 있었던 울프는 몸을 쓰는
일을 시작했다. 몸이 움직이면 머리가 쉴 수 있으니 마룻바닥을
걸레로 문질러 닦기도 하고 책 정리에 열을 올리기도 했다. 런던
에서 옮겨온 다량의 문서들과 세간들이 온 집안을 답답하게 채우
고 있었다. 울프는 어떻게든 집을 정리해보려고 했지만, 차분하게

앉아 있을 만한 장소 하나 마련하는 것도 힘들었다. 기분 전환 삼아 호가스출판사의 원고들을 검토해보려고 했지만, 머릿속은 계속 달음박질쳤다.

3월 18일, 산책을 나갔던 버지니아가 흠뻑 젖은 채로 돌아왔다. 레너드는 버지니아가 정원에서 걸어오는 모습을 보고 덜컥 겁이 났다. 예전에 여러 번 사용한 방법은 버지니아에게 완벽한 휴식 요법을 받아들이게 하는 것이었는데, 이번에는 강제하기가 어려웠다.

한 주 뒤, 레너드는 브라이튼의 의사 옥타비아 윌버포스와 다급히 약속을 잡았다. 윌버포스는 환자의 심하게 야윈 몸과 불안한 거동, 그리고 몽유병자처럼 묘하게 무심한 상태에 크게 우려했지만, 의사로서 처방할 수 있는 것은 휴식뿐이었다.

다음 날 아침, 버지니아는 오두막 작업실에서 레너드에게 편지를 썼다. 3월 28일 금요일이었다.

> 당신은 나한테 완벽한 행복을 주었어. (중략) 이번에는 병이 낫지 않을 텐데, 내가 당신의 삶을 낭비하고 있으니까. (중략) 내가 하고 싶은 말은, 내가 이렇게 병이 나기 전까지는 우리 완벽하게 행복했어. 그게 다 당신 덕분이었어. 당신이 잘해준 것처럼 그렇게 잘해줄 수 있을 사람은 아무도 없었어. 첫날부터 지금까지 쭉 그랬어.35

버지니아는 이 편지를 거실 탁자에 올려놓았다. 일요일에 바네사 앞으로 써두었던 또 한 통의 편지와 함께였다.

"지금까지 싸웠는데, 이제 더 이상은 안 되겠어."36

버지니아는 외로운 죽음(레너드나 바네사와 의논할 수 없는 혼자만의 죽음)을 준비하고 있었다. 레너드와 함께 계획했던 동반자살도 아니었고, 셰익스피어와 함께 멀리멀리 사라지는 "대단히 괜찮은 장면"도 아니었다. 누구와도 의논할 수 없었다. 병에 걸려버렸는데 레너드에게 또 간호의 부담을 짊어지우기가 두려웠던 탓에 결심한 죽음이었다.

버지니아는 웰링턴 부츠를 신고 털가죽 코트를 입고 지팡이를 집어들었다. 그리고 정원을 지나 강으로 갔다. 강에 와서는 지팡이를 강변에 내려놓고 큰 돌을 코트 주머니에 집어넣었다. 그리고 빠르게 흐르는 차가운 강물 속으로 뛰어들었다.

울프는 한동안 실종 상태였다. 울프의 시신이 발견된 것은 그로부터 석 주가 넘는 시간이 흘러 계절이 겨울에서 봄으로 바뀐 뒤였다. 애시엄 부두(로드멜에서 가까운 강 하류)로 소풍을 나온 사람들이 점심을 먹다가 강에서 뭔가 움직이는 것을 알아챘다.

울프의 친구들과 팬들이 보내온 수백 통의 조문편지가 몽크스 하우스에 속속 도착했다.37 레너드는 필요한 검시 절차를 밟은 뒤 혼자 화장으로 장례를 치렀고, 유골은 몽크스 하우스 정원의 느릅나무 밑에 묻었다. 레너드와 버지니아가 '레너드'와 '버지니아'라고 명명했던 두 그루 중 한 그루였다.

레너드와 존 레먼이 《막간》의 최종 타자본을 만들었다. 버지니아 울프의 마지막 소설이 그렇게 7월에 세상에 나왔다.

—
지젤 프로인트가 찍은 타비스톡 스퀘어의 버지니아 울프(1939년 6월).

이 날의 울프는 임대할 집을 구하는 사람들에게 집을 구경시켜주고, 레너드의 모친을 만나고, T. S. 엘리엇과 메이 사튼을 상대로 일을 처리하고, 작업 중인 로저 프라이 전기 중 후기 인상과 챕터를 재고하면서 바쁜 하루를 보냈다. 촬영을 위해 자리에 앉아 포즈를 취할 마음은 전혀 없었다.

《막간》는 서서히 울프의 최고작 가운데 하나로 인정받게 된 소설이다. 한편으로는 안절부절 뒤척이는 것 같기도 하고, 놀라운 묘기를 선보이는 것 같기도 한 실험적인 소설이지만, 다른 한편으로는 잉글랜드의 전통적 삶을 구성하는 모든 것(마을 사람들의 대화, 오래된 저택, 멀리 보이는 풍경, 달그락거리는 찻잔 소리, 동요들, 노래들, 시의 한 구절들, 여름날의 종잡을 수 없는 날씨)을 에너지원으로 삼는 소설이다.

미스 라 트로브가 무대에 올린 패전트는 관습을 강하게 공격하면서 동시에 잉글랜드의 역사를 친밀하게, 감동 있게, 그리고 코믹하게 개괄한다는 점에서 《막간》과 마찬가지로 야심만만한 작품이다. 미스 라 트로브는 공연 내내 노심초사한다. 관객들은 이 공연을 어떻게 받아들일까? 관객들이 이 공연을 보고 무엇을 느끼게 될까? 내가 이 공연을 준비한 것은 무엇을 위해서일까?

울프의 전작을 관통하는 질문들이다. 《파도》에서 로다는 남에게 줄 것이 있음을 알면서 자꾸 혼잣말을 한다.

"아아, 이걸 누가 받아줄까?"

테라스에서 미스터 램지는 자기의 작업이 잊힐 것을 걱정하고, 릴리는 자기 그림들이 다락에 둘둘 말려 있을까봐 걱정한다. 클라리사 댈러웨이는 자기의 파티에 대해 한다.

"내가 모았는데…… 내가 만들어냈는데…… 누구에게 주는 선물이었을까?"38

패전트가 끝났을 때 미스 라 트로브는 박수갈채를 거부하면서 자취를 감춘다. 연출자가 원하는 것은 연출자 본인이 관심의 중심이 되는 게 아니라 무대로 모였던 관심의 초점이 관객 하나하나에게로 되돌아가는 것이다. 이렇듯 《막간》에서는 감사를 받아야 할 연출자가 없다는 것에 어리둥절해하던 관객들이 편치 않은 마음으로 자리에서 일어나 서로 돌아보면서 저마다 자신이 본 무대가 어떠했는지 스스로 판단하기 시작한다.

후기
삶의 모양을 새롭게 바꾸는 작가

울프는 마지막으로 집을 나서기 직전에 레너드에게 마지막 편지를 쓴 다음 편지의 뒷면을 이용해 몇 가지 업무를 전달했다. 레너드가 찾게 될 로저의 편지 중 일부가 어디 있는지를 알려주기도 했고(울프의 책상에 있었다), 마지막으로 "내가 써놓은 것들을 부디 다 없애주기를"이라는 부탁을 남기기도 했다.[1] 일기에 수반되는 자기노출, 지인들을 요량 없이 그린 초상, 미완성 회고록, 순간순간 떠오르는 생각을 기록한 일지와 노트 등을 고려한다면 그리 불합리한 부탁은 아니었다. 토머스 하디와 헨리 제임스에게도 그렇게 불태운 유고가 있었다.

버지니아 울프의 사후생이 빚어져온 데는 레너드 울프의 노력이 있었다. 레너드는 버지니아의 마지막 부탁을 들어주는 대신 버지니아의 유고를 평생에 걸쳐서 일정대로 편집하고 출간함으로써 울프의 기억을 계속 살아 있게 했다. 레너드의 계획은 버지니아 울프라는 죽은 작가의 신간을 1950년대와 1960년대 내내 몇 년 간격으로 꾸준히 출간함으로써 울프의 이미지를 때마다 새롭게 살려내는 것이었다. 계획에 따라 여러 권의 에세이 선집이 나

—
바네사 벨이 작업한 《어느 작가의 일기》 표지 디자인(1953).

울프가 어떤 일기를 쓸까 자문해본 것은 1919년 4월의 어느 날이었다.
"어떤 일기를 쓰는 것이 좋을까? 너무 팽팽하지는 않지만 너무 헐렁하지도 않은 일기, 엄숙한 것이든 경박한 것이든 아름다운 것이든 머릿속에 떠오르는 것은 무엇이든 아우를 수 있을 만큼 탄력적인 일기."

올 수 있었고, 1954년에는 울프의 일기 중 일부를 발췌한 책이 나올 수 있었다.

레너드는 작가의 일기를 편집하면서 작가가 자기의 작업 과정을 분석하는 대목들을 우선적으로 뽑았다. 독자가 버지니아의 삶에서 알 필요가 있는 부분은 주로 작업과 관련된 부분이리라는 생각에서였다. 레너드가 《어느 작가의 일기》라는 제목으로 출간한 이 책은 글을 쓰기 위해 사는 사람의 일기, 곧 자기 자신의 정신 상태를 예민하게 의식하면서 형식과 투쟁하고 언어를 쟁취하는 삶을 살아가는 사람의 일기다. 작가의 집필 생활을 이 정도로 생생하고 은밀하게 들려주는 책은 《어느 작가의 일기》 전에는 없었다. 굉장한 사람이 허물없는 목소리로 독자에게 자기 이야기를 아주 가까이에서 들려주는 것 같다. 그렇구나, 여기가 바로 작가의 고독한 서재로구나, 이 사람이 바로 버지니아 울프로구나라고 느끼게 해주는 책이다.

그리고 얼마 후, 또 한 명의 울프가 한 무리의 친구들과 함께 괄괄하게 웃으면서 나타났다. 쿠엔틴 벨의 아내 앤 올리비에 벨의 편집으로 다섯 권짜리 일기 전집(1977~84년)이 출간된 것이다. 집필생활에 사교생활과 가정생활이 뒤섞여 있고, 여기에 농담, 휴가, 일상적 용건, 짜증과 싫증, 개혁 운동 등까지 뒤섞여 있는 텍스트였다. 런치 모임, 쇼핑 외출까지 온갖 일이 여기 전부 쓰여 있는 듯했다. 수시로 변하는 감정의 색조가 여기 다 어려 있었고, 서로 모순되는 것들이 여기 다 모여 있었다. 한 사람의 그렇게 길지도 않은 삶 속에 자리하기 힘들 만큼 많은 경험들을 독자는 이 일기에서 다 만날 수 있다. 이 사람이 바로 버지니아 울프로구나라는 느낌을 더 강하게 안겨주는 텍스트다.

하지만 일기 전집의 울프와 함께 수천 명의 울프가 출현하기 시작했다(울프가 《올랜도》에서 말했듯 사람에게는 수천 가지의 자아가 있잖은가). 1970년대 중반에 나이젤 니콜슨은 조수 조안 트라우트만과 함께 여름마다 시싱허스트 캐슬의 '버지니아 룸'에서 울프의 편지 수천 통을 정리했고, 일기 전집이 아직 출간 중이던 1980년에는 여섯 권짜리 편지 전집을 펴낼 수 있었다. 니콜슨의 편지 선집은 탁월한 편지 저자로서의 울프를 잘 보여주는 텍스트이자 울프가 어떤 친구와 어떤 관계를 맺었는지를 잘 보여주는 텍스트다. 리턴 스트레이치와 비타 색빌웨스트가 울프에게 보낸 편지들이 나오면서 울프가 이 두 사람과 어떤 관계였는지가 더 분명해지기도 했다.[2]

자료가 완벽히 갖춰져 있다는 인상이 울프의 독자들에게는 유혹이자 위험으로 작용하고 있다. 필요한 증거가 모두 확보되어 있다는 단정 아래 극히 개인적인 문제들을 과감히 판단해버리는 주석자가 너무 많다. 편지가 남아 있지 않은 관계나 여러 주씩 일기를 쓰지 않은 시기는 독자가 조심스러운 상상으로 채워 넣는 수밖에 없다. 예컨대 울프와 동생 에이드리언 사이에 오갔을 편지는 남아 있지 않고, 울프의 절친한 친구들이었던 E. M. 포스터와 로저 프라이가 울프의 삶에서 어떤 의미였는지는 지금 남아 있는 얼마 되지 않는 편지만으로는 짐작될 수 없을 것이다. 더구나 함께 사는 사람에게라면 편지를 쓸 필요가 없는 만큼, 몽크스 하우스와 타비스톡 스퀘어에서 일상적으로 오갔을 레너드와의 그 모든 말들을 지금 다시 들을 수는 없다(앞으로 영원히 들을 수 없을 것이다). 2002년에 개인 컬렉션에서 울프의 초기 일기장이 발견되었듯, 어딘가에 묻혀 있을 문서 사이에서 또 어떤 중요한 자료가 나타날지 모르지만, 버지니아 울프의 완성된 초상은 영원히 그려지지 않을 것이다.[3]

울프의 전기는 한 가지 해석일 뿐 최종 정리가 아니라는 것을 울프의 전기 작가들은 알고 있다. 울프의 첫 번째 전기 작가는 조카 쿠엔틴 벨이었다(레너드가 벨에게 울프의 공식 전기를 써달라고 한 것이 울프 사후 30년 만이었다는 사실로도 짐작할 수 있듯, 레너드는 그때까지 딱 맞는 작가와 딱 맞는 시점을 간절히 기다리고 있었다). 1972년에 출간된 벨의 두 권짜리 전기는 시종일관 판단력의 섬세함이 돋보이는 책이다. 근친의 생애를 다루는 전기들이 항상 객관성을 내세울 수 있는 것은 아닌데, 이 전기는 울프의 병, 피학대 경험, 결혼, 비타, 자살을 공공연히 다루면서 솔직함을 과시한다. 또한 이 전기는 연대순 내러티브를 통해 위기와 극복이라는 교차 패턴을 매우 뚜렷하게 부각시킨다. 거의 매 장에서 가족의 죽음을 겪거나 병에 걸리지만, 암울함이 오래 지속되는 곳은 없다. 이 전기에서 주인공 울프는 위기에 직면할 때마다 삶을 새로 시작하는 데 필요한 새로운 아이디어를 통해 위기를 극복해내는 오뚝이 같은 인물로 그려진다.

벨이 의도적으로 배제한 부분도 있었다. 문학 비평가로 자처하지 말아야겠다고 생각하면서 삶과 작품 사이의 미묘한 상호작용을 해석하는 일을 이후의 과제로 넘긴 것은 별 문제가 아니지만, 울프가 정치 사상가였음을 인정하지 않으면서 《3기니》를 잊어야 할 오류로 친 데는 논란의 여지가 있다. 벨의 전기에서 미친 이모의 이미지가 부각되는 것도 그 때문이다. 레너드는 실무적 상식이 있는 사람인 데 비해 버지니아 이모는 "이상한odd" 사람이라는 표현이 계속 나올 뿐 아니라 일상생활에서의 이상함이 미학적 차원의 이상함과 결부된다. 울프의 재능이 "희미한 흔적을 보는 재능, 유령 같은 속삭임을 듣는 재능, 신탁을 전하는 피티아Pythia[고대 그리스의 무녀-옮긴이] 의 재능"이라는 표현도 있었다.4 요컨대 벨은 울프를 감성의 무녀로 읽음으로써 자신이 생각하는 울프의 한계를 분명히 하고 있었다.

이 초상에 가장 격렬하게 반대했던 것이 미국의 페미니스트 강단학자들이었다. 제인 마커스Jane Marcus는 분노하는 여성, 정치에 깊이 개입한 여성, 자신을 억압한 가부장제를 규탄하는 여성이라는 울프의 참모습을 드러내겠다는 장기적 기획의 연장선상에서 《3기니》와 《세월》을 울프의 핵심 텍스트로 다루었다.5 마커스의 작업에 고무된 또 한 명의 강단학자 루이즈 드살보는 울프의 생애와 작품을 통틀어 모든 면이 하이드 파크 게이트의 수컷 서식자들에게 학대당한 경험을 통해 빚어졌음을 증명하고자 했다.6 드살보의 책은 미국에서 꽤 많이 팔렸고 지금도 매우 큰 영향력을 행사하고 있지만, 많은 독자에게 불만을 안겨준 책이기도 했다. 20세기 최고의 지성인 가운데 한 명을 연구 대상으로 삼으면서, 무의식적 기제를 우선시하는 정신분석적 연구 방법을 선택했기 때문이었다. 울프를 철저히 희생자, 환자로 간주하는 연구 방법으로 인해 울프가 약한 사람이었다는 기존의 이미지가 오히려 더 강화되었고, 울프가 쓴 소설들은 병든 정신의 산물로 재해석되었다.

사후의 버지니아 울프는 정치적 작가, 페미니스트 작가, 낭만주의 작가, 이러저러한 섹슈얼리티의 작가로 구성되어 서로 상충하는 대의들의 표적 또는 간판이 되었다. 울프가 어떤 글을 썼는지를 전혀 모르는 사람에게도 울프의 이름은 강력한 상징적 위력을 발휘했다. 1962년에는 에드워드 올비Edward Albee가 《누가 버지니아 울프를 두려워하랴?Who's afraid of Virginia Woolf》에서 울프의 이름을 "어려운" 고급문화의 약칭으로 사용하기도 했다. 《보통의 독자》의 저자인 울프가 정말 고급문화를 상징하는 작가일까? 이 질문을 둘러싼 다양한 논쟁은 엘리트주의와 페미니즘의 논점들로 압축되었다. 울프는 페미니스트를 자처하기를 거부하는데, 여성들이 그런 울프를 영웅heroine으로 추대하는 것이 옳을지도 좀 의심스러웠다.

여성의 섹슈얼리티가 큰 이슈가 된 1970년대에는 울프의 교우 관계가 주요 검토 대상이 되었다. 1984년에 나온 린달 고든Lyndall Gordon의 유연하면서 상상력이 풍부한 전기는 한편으로는 울프 부부의 결혼 생활을 극히 긍정적으로 다룸으로써 마커스를 논박했지만 다른 한편으로는 울프와 비타의 관계를 경시함으로써 새로운 논쟁의 포문을 열었다.[7] 비타와 그리 깊은 관계가 아니라면 레즈비언의 아이콘으로서 울프의 위상은 어찌 되겠는가? 이런 질문들과 함께 울프의 생애가 투쟁의 장이 된 것이 20세기 후반이었다.[8]

울프가 투쟁할 줄 모르는 사람으로 그려지는 경우가 너무 많다

—
호가스출판사의 원고를 읽고 있는 존 레먼과 레너드 울프(1944).

스탠드 왼쪽에 쌓여 있는 책들 중에 맨 위에 있는 책이 《막간》(1941년 7월에 호가스출판사에서 펴낸 울프의 유작)이다.

는 것이 그래서 더 이상하게 느껴진다. 1902년에 베레스포드가 찍은 울프의 초상사진(하얀 레이스 옷을 입은 우울하고 조용한 여자)이 사람들의 기억 속에 남아 있는 울프, 곧 포스터로 제작되는가 하면 캐리커처로 희화화되기도 하는 울프다.9 이렇듯 울프를 여리여리한 심미가로 보는 시각은 울프의 활동 초기에 만들어져서 끝내 사라지지 않았다. 울프가 캐서린 맨스필드에 대한 글에 〈지독하게 예민한 마음〉이라는 제목을 붙인 데는 언젠가 자신도 바로 그런 유형의 작가로 분류되리라는 것을 알고 있는 작가 울프가 경쟁 작가 맨스필드를 미리 유형화한다는 의미도 있었다. 실제로 울프의 죽음을 다룬 글 중에는 울프가 전쟁을 감당하기에는 너무 약한 사람이었다고 보는 글도 있다.

E. M. 포스터가 1941년 강연에서 울프를 추모하면서 바로 그런 이미지에 도전하는 것을 가장 큰 과제로 삼았다는 점은 시사하는 바가 크다. 포스터에 따르면 울프는 훌륭한 음식 작가였다. 울프가 주최한 만찬에 뵈프 앙 도브가 올라왔을 때 "우리는 커다란 카세롤의 빛나는 내벽 아래쪽을 들여다보면서 최상의 덩어리를 하나씩" 꺼냈다는 것이 포스터의 기억이었다.10 포스터가 기억하는 울프는 맛있는 음식을 즐기고 몸 전체로 살아가는 감각적 작가였다. 같은 맥락에서 엘리자베스 보웬은 1970년대 강연에서 울프의 어마어마한 생명력을 강조했다.

"그 사람이 순교자였다니, (중략) 그 사람이 어둠에 붙잡힌 철저히 비극적인 유형이었다니, 그 사람에 대해 그렇게 말하는 사람들을 보면, 나는 묘한 충격을 받게 됩니다."11

허마이오니 리가 1991년에 새로운 공식 전기를 준비하면서 채택한 방향은 울프를 미치광이 천재로 보거나 유년기의 피학대 경험에 잡아먹힌 희생자로 보는 시각에서 벗어나는 것이었다. 리의 관심사는 경이로운 의지력과 힘겨운 작업을 통해서 눈부신 성과를 거두는 전문직 여성으로서의 울프였다. 울프는 아픈 시기들을 어떻게 극복했고 자기가 경험한 것들을 어떻게 장악했는가, 요컨대 울프는 의식적으로 무엇을 했는가가 리의 관심사였다.

리의 전기는 울프는 의지가 강하고, 자기인식에 능하고, 미묘한 성애를 즐기고, 정치적으로 통찰력 있고, 활력 있고, 상식 있고, 위트로 반짝거리는 사람을 그려 보여주었다.[12] 울프는 인생에서나 작품에서나 자신감 있는 "전복자"였지만, 번창하는 출판사의 공동경영자이기도 했고 오랫동안 사랑과 함께 지속된 결혼의 파트너이기도 했다. 리의 전기는 하이드 파크 게이트의 답답한 집안을 그리는 챕터에서부터 '로드멜 여성회Rodmell Women's Institute' 회의를 그리는 챕터에 이르기까지 책 전체에서 울프의 육체적 현존과 울프를 둘러싼 세계의 물질적 감촉을 그대로 느끼게 해주었다. 예를 들어 리의 전기에는 《등대로》의 〈시간이 지나고〉 섹션에 대한 해석을 시도하면서 '총파업'에 대한 설명을 텍스트 해석에 흘려 넣는 대목이 있는데, 울프가 더없이 탈속적인 것처럼 보이는 글을 쓸 때조차 세상에 대한 책임을 글의 동력으로 삼는 작가였다는 사실을 독자는 이런 대목에서 특히 선명하게 감지할 수 있다.

하지만 리의 전기는 울프의 덜 매력적인 측면들을 감추려고 하지 않았다. 울프에게도 속물적인 면이 있었고, 유대인에 대한 본능적 반감이 있었고, 지독한 앙심과 질투를 느끼는 경우가 있었다. 하지만 울프는 그런 것들을 인정하고 심문할 용기를 가지고 있었다. 울프는 자기가 가진 한계들과 두려움들(에고티즘에 빠지는 것, 정신병에 걸리는 것, 세간에 노출되는 것)을 알고 있었고, 픽션의 중요한 소재로 활용하는 법도 알고 있었다. 〈버지니아 울프와 두려움〉이 1990년대 후반에 진행된 리의 대학교 강연 중 하나의 제목이었지만, 이 강연의 결론은 울프가 용감한 작가라는 것이었다. 새 세대의 독자들이 이 강연에서 얻은 것은 바로 용기였다.

스티븐 달드리Stephen Daldry의 영화 〈디 아워스The Hours〉(2002)는 니콜 키드먼이 가짜 코를 붙이고 울프를 연기한 것으로도 유명한데, 울프의 공식 전기를 쓴 리가 이 영화를 본 뒤 울프가 왜 이렇게 유머감각이 없고 탈속적인 인물로 등장하는지 의아해한 것은 당연한 일이다.[13] 하지만 영화의 원작이 된 마이클 커닝햄Michael Cunningham의 소설 《디 아워스》와 마찬가지로 〈디 아워스〉라는 영화 전체는 울프의 가장 예리한 면을 짚어내면서 《댈러웨이 부인》의 대담한 개작을 시도하고 있다.

〈디 아워스〉는 사후생들에 대한 이야기다. 다시 말해 〈디 아워스〉의 등장인물들은 《댈러웨이 부인》를 읽은 사람들, 저마다의 삶 속에서 《댈러웨이 부인》에 그려진 삶의 패턴들을 다시 살아가는 사람들이다. 1950년대 미국을 배경으로 하는 에피소드에서는 고급 교외 주택이라는 덫에 걸린 젊은 주부가 한편으로는 어린 아들에게 성모의 미소를 지어보이면서 속으로는 자살할 것인지 말 것인지를 저울질하고, 현재의 뉴욕을 배경으로 하는 에피소드에서

—
지젤 프로인트가 찍은 버지니아 울프(1939년 6월).

1938년에 제임스 조이스에게 촬영 승낙을 받는 데 성공한 사진작가 지젤 프로인트는
1939년에는 울프에게까지 촬영 승낙을 받는 데 성공했다.

는 멋진 레즈비언 발행인이 에이즈로 죽어가는 작가를 위해 파티를 연다. 발행인이 작가와 이어져 있는 것은 클라리사가 셉티머스와 불가사의하게 이어져 있는 것과 마찬가지다. 〈디 아워스〉라는 제목이 《댈러웨이 부인》의 가제였다는 사실도 의미심장하다. 울프가 《댈러웨이 부인》을 다시 쓰고 있다는 느낌을 주는 소설이다.

완성된 작품이 아니라 작품으로 완성되는 과정이라는 이 느낌은 2006년에 케이티 미첼Katie Mitchell이 《파도》를 각색한 연극을 연출할 때도 중요하게 작용했다.[14] 울프는 자기가 쓴 책들 중에 장르가 모호한 몇 권이 "소설novel"이라고 지칭되는 것에 오해의 소지가 있다고 느꼈는데, 그런 의미에서 미첼의 작업도 "연극play"이라는 이름이 부적절할 수 있겠다. 미첼의 작업은 한 편의 연극이라기보다는 어둠으로부터 출현하는 일련의 순간들이었다. 배우들이 무대에서 하는 일은 순간순간 작은 부분조명 카메오를 만들어내 촬영하는 것이었고, 무대 위의 스크린이 하는 일은 그렇게 촬영된 카메오(예컨대, 거울에 비친 얼굴, 갑자기 바다처럼 느껴지는 물그릇, 최후의 만찬을 위해 성찬식풍으로 차려진 것 같은 롤빵들)를 영사하는 것이었다. 장 바티스트 시메옹 샤르댕Jean Baptiste Siméon Chardin, 아니면 빌헬름 하메르스회Vilhelm Hammershoi의 그림을 연상시키는 작은 미술작품들이었다. 스크린의 이미지는 무대 위에 널려있는 소도구나 카메라와는 별개였다. 울프의 '존재의 순간들'이 하나하나 영롱하게 구체성을 띠는 느낌이었다.

케이티 미첼의 스포트라이트가 의외의 디테일을 도드라지게 하듯, 최근의 비평가들은 울프가 살았던 삶의 새로운 면을 속속 조명하고 있다(울프 자신부터가 "외진 곳에 거울을" 거는 것이 전기작가의 역할이라고 본 전기작가였다).[15] 울프의 하인들에 대한 책이 나오기도 했고, 아내의 삶을 남편의 시각으로 바라볼 수 있게 해주는 레너드 울프의 전기가 나오기도 했다.[16] 올리비아 랭Olivia Laing은 울프 부부의 개인사와 울프 부부가 사랑했던 풍경의 역사를 씨실과 날실로 엮은 서정적인 우즈 강 여행기《강으로 To the River》를 펴내기도 했다.[17] 2011년에는 훌륭한 주석이 달린 여섯 권짜리 에세이 컬렉션 제6권이 출간됨으로써 울프가 행한 비평 작업의 다양함과 풍성함을 전에 없이 분명하게 확인할 수 있게 되었다.

울프의 픽션도 계속 변신하고 있다. 우리의 현재적 관심이 우리에게 새로운 독법을 일러주는 만큼, 지금까지 간과되어왔던 울프의 이미지가 갑자기 눈앞에 나타날 수도 있을 것이다. 울프가 아직 의혹을 불러일으키는 작가인 것은 사실이다. '어렵다', '엘리트주의자', '정신병자', '탈속적' 같은 단어들이 울프에게 덧씌워져 있다. 워릭셔는 셰익스피어의 나라, 도셋은 하디의 나라라고 할 수 있겠지만, 이스트서식스를 '울프의 나라'라고 하기는 어려울 것 같다. 켄트에는 '디킨스 월드'가 있지만, 울프 테마마크 같은 것은 없다. 울프의 소설이 영향을 미치는 영역은 주말 저녁의 사극 드라마 쪽보다는 실험 영화 쪽이다.

학교에서 울프의 작품을 점점 많이 가르치고 있고, 일반 독자들이 울프를 점점 많이 읽고 있는 만큼, 울프가 대중적 인기를 끄는 날이 오지 말라는 법도 없다. 하지만 울프를 아무 노력 없이 이해할 수 있으리라는 생각은 하지 않는 게 좋다. 울프는《세월》을 둘러싼 왈가왈부에 신경 쓰지 않으려고 애쓰면서 "내 비평가들은 사냥개들이고 나는 사냥개들을 한참 따돌리고 달아나는 산토끼다"라고 썼다.[18] 달아나는 산토끼. 울프가 비평가들을 얼마나 지독하게 신경 썼는지를 상기시켜주는 지독한 비유지만, 해석의 그물을 한참 따돌리고 달아나는 작가의 후련한 자신감과 민첩함을 느끼게 해주는 비유이기도 하다.

우리 스스로를 사냥개에 비유할 필요는 없지만, 어쨌든 우리는 아직 울프를 따라 달리고 있다. 죽은 지 70년이 지난 울프가 아직 한참 앞에서 우리를 이끌어주고 있다. 오비디우스의 《변신》에서 산토끼처럼 뛰어나가는 다프네처럼, 버지니아 울프는 살아 있기 위해 자꾸 모양을 바꾸는 작가다.

원고를 읽고 있는 버지니아 울프(1926년 6월).

옮긴이 후기
오늘의 버지니아 울프

선명하고 친밀하게

'옮긴이 후기'를 쓰는 일은 매번 어렵지만 이번 책은 특히 더 어렵다. 《버지니아 울프라는 이름으로》는 2011년에 출간된 책이고 원제는 《버지니아 울프Virginia Woolf》인 것 정도를 제외하면 후기에 덧붙일 만한 정보가 별로 없다. 버지니아 울프의 일생을 평전 형식으로 짧게 정리한 책이라는 것, 일반 독자와 전문 연구자가 모두 관심을 가질 만한 책이라는 것은 저자의 〈서문〉을 통해 충분히 예상할 수 있고, 20세기 문학의 최고봉 중 하나인 버지니아 울프의 수많은 평전 사이에서 이 책에 어떤 의미가 있는지는 저자의 〈후기〉를 통해 충분히 감지할 수 있다.

  사실 이 〈후기〉는 그동안 울프의 초상을 빚어내온 전기들과 전기적 작업들에 대한 족집게 총정리라는 점에서 그 노고가 놀라우면서도 고마운 글인데, 저자가 이런 글을 쓸 수 있는 것은 그간의 폭넓고 깊이 있는 연구 덕분인 것 못지않게 독자 겸 연구자로서의 겸허하고 유연한 태도 덕분인 것 같다. 버지니아 울프는 이런 사람이다, 라는 본인의 믿음을 이런저런 권위적인 텍스트에 기대 들이미는 대신, 우리가 지금 버지니아 울프를 이런 사람이라고 알고 있는 것이 어떤 텍스트들 때문인지 그 길고 복잡한 결을 상세하면서도 명쾌하게 만져주는 것이 이 〈후기〉다.

그리고 그 태도가 《버지니아 울프라는 이름으로》 전체에 스며들어 있다. 울프의 작품과 함께 울프의 일기와 편지가 풍성하고 다채롭게 인용되어 있다는 것, 울프의 중요한 작품들이 울프의 삶, 그 삶을 둘러싼 세계와 어떻게 이어지는지가 짚어져 있다는 것은 울프 평전이니까 당연하지만, 《버지니아 울프라는 이름으로》는 평전 장르 중에서도 특히 저자의 역할이 최소한에 그친다는 느낌이다. 저자의 생각이라는 가는 실이 인용문이라는 구슬을 엮고 있다는 느낌인데, 그 덕분에 모든 인용문이 선명하면서도 친밀하게 느껴진다.

물론 그런 선명함과 친밀감은 저자의 에디팅 능력이 만들어내는 환상일 뿐이다. 독자가 만나고 싶은 것은 울프 그 자체지만, 울프의 평전이 울프 그 자체일 리는 없다. 책이란 무에서 창조된 유가 아니라 생각의 수정 작업이고, 그런 의미에서 이 책에 그려진 울프의 초상도 기존 초상들의 수정 작업이라고 한다면, 이 책에서 울프의 초상이 선명하고 친밀하게 느껴지는 이유는 따로 찾아보아야 한다. 그 이유는 일단 저자가 초상의 일관성과 생생함을 최대화하고자 할 뿐, 자신의 수정에 어떤 의의가 있는지를 강조하지 않기 때문이 아닐까 싶다. 그런 비권위적 태도를 이 책의 미덕이라고 할 수도 있겠고, 이 책과 다른 많은 학술적 전기를 구분해주는 차이라고 할 수도 있겠다.

더구나 이 책의 저자는 자기가 그린 초상의 의의를 강조하지 않는 데서 한 발 더 나아가 자기가 그린 초상의 권위를 스스로 나서서 허문다. 이 초상은 지금 내가 볼 수 있는 모습일 뿐이다, 내가 인용한 울프의 글들, 내가 주목한 울프의 표정들은 지금 내게 가장 중요하게 느껴지는 것들일 뿐이다, 만약 내가 이 책을 작년에 썼다면 다른 책을 쓰게 되었을 것이다, 만약 내가 이 책을 내년에 쓴다면 다른 책을 쓰게 될 것이다, 라는 식으로 말하는 것이 이 책의 저자다. 그런데 그런 식의 말 때문에 독자는 오히려 이 책에 더 귀를 기울이게 된다. 울프가 주인공이니까 그렇게 접근할 수밖에 없겠구나, 아니, 누가 주인공이라도 그렇게밖에는 접근할 수 없겠구나, 누군가의 삶이, 누군가가 남긴 글이 영원히 똑같은 표정일 수는 없겠구나, 해석의 권위를 주장한다는 게 오히려 더 이상하겠구나, 라는 식의 생각이 어느새 독자에게도 전염된다.

아주 가끔, 저자의 가는 실이 좀 굵어질 때가 있다. 그럴 때면 울프의 작품을 둘러싼 비평 논쟁들이 잠시 수면 위로 떠오르기도 하지만, 그런 부분들이 독자에게 알려주는 것은 논점의 우열 관계라기보다는 논쟁의 전반적 지평이다. 이 책에 입장이 있다면 그 입장은 저자가 이 책을 통해서 증명하고자 하는 명제 같은 것이라기보다 저자가 이 책의 모델에 초점을 맞추기 위해서 쓰고 있는 안경 같은 것이라고 해야 할 것 같다.

함께 읽고 싶은 마음

고전을 믿는 독자는 항상 불안하다. 내가 잘 읽은 걸까, 중요한 걸

놓친 건 아닐까, 내가 이해했다 치고 넘어간 부분에 비밀이 숨겨져 있던 건 아닐까 하는 초초함 때문에 유명한 사람이 써놓은 감상을 찾아보기도 한다. 버지니아 울프의 글을 그런 식으로 처음 접하는 독자도 꽤 있을 것 같다. 나도 울프의 비평을 통해 울프를 처음 만나게 된 독자 중 하나이고, 울프의 비평을 정답이라고 믿을 때도 많다. 물론 그런 독자라고 해도 울프의 비평을 유일한 참고서로 삼을 수는 없다. 이해했다 치고 넘어갈 수조차 없는 난해한 대목의 연속인 고전들을 읽어나가려면 개인적 감흥을 나누는 에세이보다는 학술적 비평에 의지해야 하는 것도 사실이다. 하지만 적어도 겉모습에서는 학술적 비평보다는 사사로운 에세이에 더 가까운 울프의 비평을 항상 가장 믿음직한 가이드로 삼는 것은 이 책의 번역자도 마찬가지다.

번번이 특히 더 어려운 것 같았던 그동안의 '옮긴이 후기'에서도 울프의 비평에 기대는 경우가 많았다. 그중에서도 제인 오스틴의 《오만과 편견》, 에밀리 브론테의 《폭풍의 언덕》, 로렌스 스턴의 《센티멘털 저니》, D. H. 로렌스의 《미국 고전문학 연구》를 정리할 때는 울프가 남겨준 독서 기록들 덕분에 겨우 어지러운 길을 빠져나올 수 있었다.

그러다가 《자기만의 방》과 《3기니》까지 읽을 수 있었던 것은 만나서 같이 읽어줄 분들이 있어서였다. 그렇게 같은 글을 읽고 서로의 생각을 나눌 수 있다는 게 기쁘기도 했고 같은 글을 읽고 그렇게 다르게 생각할 수 있다는 게 놀랍기도 했다. 다 같이 읽을 수 있는 울프의 전기가 있으면 좋겠다고 생각했던 것이 그때였고, 그렇게 시작된 검색 작업에 포착된 책이 알렉산드라 해리스의 《버지니아 울프의 이름으로》였다. 이 책의 번역 작업을 시작하면서 울프의 소설들도 다시 읽기 시작했다. 읽은 줄 알았는데 읽은 게 아니었다는 것을 비로소 알게 되었다고 하는 편이 더 맞겠다.

좋아하는 작가에 대해 이야기하는 일은 항상 어렵지만, 울프라는 작가에 대해서 이야기하기는 특히 더 어렵다. 울프의 경쾌하고 유연하고 투명한 문장들을 떠올릴수록 울프의 문장을 묘사하는 표현들은 비 맞은 빨래처럼 무겁고 불쾌하고 난감하게만 느껴진다. 울프의 문장은 어떻게 그렇게 경쾌하면서 진실할 수 있을까! 어떻게 그렇게 하늘하늘하면서 질길 수 있을까! 어떻게 그런 반짝이는 투명함이 그렇게 그런 어두운 아픔의 투명한 반짝임일 수 있을까! 감탄이 길어질수록 감탄사들은 점점 허접하게 느껴질 뿐이다.

울프가 쓴 문장들과 나란히 놓여 있는데도 별로 위화감이 없는 저자의 문장들은 그래서 더 감탄스러웠다.

"당신은 어떤 사람이기에 그렇게 울프 같은 글을 쓸 수 있습니까?"

한국어판 번역자의 성가신 질문에 꼬박꼬박 명쾌하면서도 진솔하게 답변해준 저자의 친절에 기대서 던져본 터무니없는 질문이었다. 저자는 이렇게 난처한 질문을 무시해버리는 대신 감사의 인사와 함께 자신이 버지니아 울프에 대해 쓴 다른 글들을 보내주었는데, 2015년 강의록도 그중 하나였다. 〈겨울의 울프Woolf in Winter〉라는 제목의 강의록 처음과 끝에는 난폭한 질문을 부드럽게 에두르는 대답이 담겨 있었다.

울프는 겨울을 어떻게 생각했을까요. 아, 이게 다 기러기 사냥wild geese chase이라는 건 저도 잘 알아요. 우리가 8월에 만난다면 이 강의는 "여름의 울프"가 되겠지요. 아시다시피 울프는 여름 작가잖아요. (중략) 계절은 우리 없이도 지나가지만, 지금은 겨울이니까, 우리도 이렇게 겨울이 어떤 계절인지 이야기하면서 눈 쌓인 들판에 이렇게 작은 발자국을 찍었네요.

2019년 10월
옮긴이

주

서문

1) 1907년 7월 7일에 바이올렛 디킨슨에게 쓴 편지.

2) 1911년 6월 8(?)일에 바네사 벨에게 쓴 편지.

3) 같은 편지.

4) 'Modern Fiction', *The Common Reader*, 146~154(150)쪽, 1925; *Essays IV*, 157~165쪽에 재수록.

5) 1926년 2월 23일의 일기.

1 빅토리아 시대에 태어나

1) 'Old Bloomsbury', *Moments of Being*, 44쪽, 1922.

2) 같은 글, 45쪽.

3) '22 Hyde Park Gate', *Moments of Being*, 31쪽, 1921.

4) 온 가족의 친구였던 키티 러싱턴(Kitty Lushington)이 그런 경우였다는 것이 울프의 회고다. '22 Hyde Park Gate', 32쪽.

5) *Between the Acts*, 85쪽. "방금 전까지 끓어올랐던 감정이 이렇게 엎질러졌다."

6) *The Waves*, 5쪽.

7) 'Sketch of the Past', *Moments of Being*, 94쪽.

8) 나중에 울프가 서론의 필자로 참여하는 캐머런(Cameron)의 사진집은 *Victorian Photographs of Famous Men and Women*, 1926; London, Chatto&Windus, 1996; Edward Brune-Jones, *The Annunciation*, 1876~1879쪽, Lady Lever Art Gallery, Liverpool.

9) 'Sketch of the Past', *Moments of Being*, 94쪽.

10) 같은 글, 118쪽.

11) Gill Lowe(ed.), *The Hyde Park Gate News*, London: Hersperus, 2005.

12) 두 자매가 어려서부터 본인의 미래를 확신했다는 매우 흥미로운 이야기와 함께 두 자매의 작업이 어떻게 관련되기 시작했는가에 대한 이야기를 들려주는 책은 Diane F. Gillespie, *The Sisters' Art: the Writing and Painting of Virginia Woolf and Vanessa Bell*, Syracus, NY: Cyracuse Univ. Press, 1988.

13) *Jacob's Room*, 75쪽.

14) 레슬리 스티븐이 1884년 7월 25일에 클리포드 부인에게 쓴 편지. Frederic William Maitland, *The Life and Letters of Leslie Stephen*(London: Duckworth, 1906), 29쪽. Hermione Lee, *Virginia Woolf*(London: Chatto&Windus, 1996), 29쪽에서 인용.

15) 'Sketch of the Past', *Moments of Being*, 78쪽.

16) *Jacob's Room*, 75쪽.

17) *The Waves*, 12쪽.

18) 'Sketch of the Past', *Moments of Being*, 134쪽.

19) *To the Lighthouse*, 105쪽.

20) 'Sketch of the Past', *Moments of Being*, 103쪽.

21) *The Years*, 45쪽.

22) 'Sketch of the Past', *Moments of Being*,, 102쪽.

23) 같은 글, 105쪽.

2 살고 싶은 아이 ──────────────────────

1) 〈과거의 스케치〉를 위한 메모. Hermione Lee, *Virginia Woolf*, 178쪽에서 인용.

2) 같은 글.

3) 후향 진단은 극히 신중하게 이루어져야 한다. 조울병에 대해 다음을 살펴볼 것.
   Thomas C. Caramagno, *The Flight of the Mind: Virginia Woolf's Art and Manic-
   Depressive Illness*(Berkeley, CA: Univ. of California Press, 1992); Lee, *Virginia
   Woolf*, 175~200쪽. 울프의 병력 자료들을 광범위하게 정리하고 대안적 해석의 가
   능성을 가늠한 뒤, 발병 원인을 규명하는 것은 불가능한 일이라는 결론을 내리는
   글이다. "우리는 그저 그 병이 그녀에게 어떤 영향을 미쳤는지, 그리고 그녀가 그 병
   에 어떻게 대처했는지를 살펴볼 수 있을 뿐이다(199쪽)."

4) 1897년 일기, *Passionate Apprentice*, 26쪽에 수록.

5) 같은 글, 90쪽.

6) 같은 글, 114쪽.

7) 같은 글, 134쪽.

8) 같은 글, 132쪽.

9) 1937년 2월 15일의 일기.

10) 1934년 5월 1일의 일기.

11) 'Sketch of the Past', *Moments of Being*, 82쪽.

12) 루이즈 드살보(Louise DeSalvo)의 *Virginia Woolf: The Impact of Childhood
    Sexual Abuse on Her Life and Work*(London: The Women's Press, 1989)에 따르
    면, "병리적으로 역기능적"이었던 스티븐/덕워스 가정의 "거의 모든 남성 구성원들"
    은 아동학대에 연루되어 있었고(2), 이 아동학대와 울프의 병 사이에는 "인과관계"

가 있었다(109). 넬살보의 두 가지 주장은 고의적 과장과 추측에 의존하고 있다. 반면에 카라마노(Caramagno)의 *The Flight of the Mind*는 조울병의 생화학적 인과성을 강조하는 입장이다.

13) 'Reminiscences(1908)', *Moments of Being*, 82쪽.

14) '22 Hyde Park Gate(1921)', 같은 책, 42쪽.

15) 예를 들면, 〈사회적 성공에 관한 고찰(1903)〉, *Passionate Apprentice*, 167쪽.

16) 같은 글, 168쪽.

17) *Mrs Dalloway*, 145쪽.

18) 'Sketch of the Past', *Moments of Being*, 140쪽.

19) 워보이스에서 쓴 일기(1899), *Passionate Apprentice*, 145쪽.

20) 1901년 11월 5일에 토비 스티븐에게 쓴 편지.

21) 〈에블린 주변을 배회할 때(1903)〉, *The Common Reader*, 78~85쪽, *Essays IV*, 91~98쪽에 재수록.

22) 〈회상(1903)〉, *Passionate Apprentice*, 187쪽.

23) 1902년 9월에 바이올렛 디킨슨에게 쓴 편지.

24) 출간된 제목은 *Sir Leslie Stephen's Mausoleum Book*, ed. Alan Bel(Oxford: Clarendon Press, 1977)이다.

25) 1928년 11월 28일의 일기.

26) Frederic William Maitland, *The Life and Letters of Lestlie Stephen*(London: Duckworth, 1906), 474~477쪽; 버지니아 울프가 쓴 글은 *Essays I*, 127~130쪽에 재수록됨.

27) 1904년 12월 중순에 매지 본에게 쓴 편지.

28) 1904년 12월 22일에 로버트 세실(Lady Robert Cecil)에게 쓴 편지.

29) 1904~1905년의 일기, *Passionate Apprentice*, 26쪽에 수록.

30) 1905년 1월 초에 바이올렛 디킨슨에게 쓴 편지. 두 편의 서평과 한 편의 에세이(호어스에 있는 브론테 일가의 목사관에 다녀온 이야기를 담은 〈문학 지형Literary

Geography〉〉)로 원고료를 받을 수 있었다.

31) 레슬리 스티븐이 1883년 3월 11일에 찰스 엘리엇 노턴(Charles Eliot Norton)

에게 쓴 편지, Maitland, *Life and Letters*, 337쪽.

32) 1897년의 일기, *Passionate Apprentice,* 26쪽.

3 정착 ──────────────────────────────────

1) 〈올드 블룸스버리〉, *Moments of Being*, 46쪽.

2) 1905년 10월 1일에 바이올렛 디킨슨에게 쓴 편지.

3) 1906년 1월 16일에 바이올렛 디킨슨에게 쓴 편지.

4) 콘월에서 쓴 일기(1905), *Passionate Apprentice*, 290쪽.

5) 콘월에서 쓴 일기(1905), 같은 책, 294쪽.

6) 1904~1905년의 일기, 같은 책, 276~277쪽.

7) 〈그리스, 1906년〉, 같은 책, 333쪽.

8) 1906년 12월 26일에 바이올렛 디킨슨에게 쓴 편지.

9) 1907년 9월 22일에 바이올렛 디킨슨에게 쓴 편지.

10) 1907년 10월(?)에 바네사 벨에게 쓴 편지.

11) 1908년 8월 29일에 바네사 벨에게 쓴 편지.

12) 1908년 8월 28일에 클라이브 벨(Clive Bell)에게 쓴 편지.

13) 1909년 12월 25일에 바네사 벨에게 쓴 편지.

14) 〈레이디 헤스터 스탠호프(1910)〉, *Essays I*, 325쪽.

15) 1909년 12월 26일에 클라이브 벨에게 쓴 편지.

16) 1910년 6월 24일에 바네사 벨에게 쓴 편지.

17) 1910년 7월 28일에 바네사 벨에게 쓴 편지.

18) 바네사 벨, 〈블룸스버리 단상(1951)〉, *The Bloomsbury Group: A Collection of*

Memoir, ed. S. P. Rosenbaum(London: Taylor&Francis, 1975), 81쪽.

19) 1910년 11월 27일에 바이올렛 디킨슨에게 쓴 편지.

20) 1911년 3월에 몰리 맥커티(Molly McCarthy)에게 쓴 편지.

21) *The Waves*, 44쪽, 171쪽.

22) [1906년 6월]에 바이올렛 디킨슨에게 쓴 편지.

23) 1908년 8월 10일에 바네사 벨에게 쓴 편지.

24) 1911년 11월 9일에 오톨린 모렐에게 쓴 편지.

25) 1911년 12월 2일에 레너드 울프에게 쓴 편지.

26) 1912년 6월 4일에 바이올렛 디킨슨에게 쓴 편지.

27) Leonard Woolf, *Beginning Again: An Autography of the Years 1911-1918*(London: Hogarth Press, 1964), 57쪽.

28) 1912년 5월 1일에 Lenard Woolf에게 쓴 편지.

29) 1912년 6월에 재닛 케이스(Janet Case)에게 쓴 편지.

30) 1912년 6월에 로버트 세실(Lady Robert Cecil)에게 쓴 편지.

31) 1911년 1월 1일에 바이올렛 디킨슨에게 쓴 편지. 이 소설의 다른 버전(초고들을 이어붙인 버전)이 *Melymbrosia,* ed. Louise DeSalvo(1982; Berkeley, CA: Cleis Press, 2002)으로 출간되어 있다.

32) *The Voyage Out*, 247쪽.

33) 같은 책, 161쪽.

34) 같은 책, 337쪽.

35) 같은 책, 341쪽.

36) 1913년 12월 4일에 레너드 울프에게 쓴 편지.

4 성공 ──────────────────────────────

1) 1916년 2월 12일에 캐서린 콕스(Katherine Cox)에게 쓴 편지.

2) 1930년 10월 16일에 에설 스미스(Ethel Smyth)에게 쓴 편지.

3) *Night and Day*, 149쪽.

4) 같은 책, 530쪽.

5) 1923년 1월 2일의 일기.

6) 1917년 4월 10일에 바이올렛 디킨슨에게 쓴 편지; 1917년 4월 14일에 로버트 세실에게 쓴 편지.

7) 〈벽지의 얼룩(1917)〉이 레너드의 〈세 유대인〉과 함께 처음 실린 곳은 호가스출판사의 첫 책인 *Two Stories*였다. *The Mark on the Wall and Other Short Fiction*, ed. David Bradshaw(Oxford: Oxford Univ. press, 2001), 3~10쪽에 재수록.

8) 〈쓰지 않은 소설(1920)〉, 같은 책, 18~29쪽에 재수록.

9) 1920년 10월 25일의 일기.

10) 1919년 1월 20일의 일기.

11) 1919년 2월 15일의 일기.

12) 1922년 8월 22일의 일기.

13) 1919년 8월 12일에 캐서린 아널드포스터(Katherine Arnold-Forster)에게 쓴 편지.

14) 1921년 9월 15일의 일기.

15) 1916년 6월 28일에 바네사 벨에게 쓴 편지.

16) 1917년 11월 22일의 일기.

17) 1917년 11월 2일의 일기.

18) 1919년 11월 27일에 바이올렛 디킨슨에게 쓴 편지.

19) 1921년 3월 22일의 일기, 《시편》〈126편〉에서 인용.

20) 1919년 5월 18일의 일기.

21) 1918년 10월 12일에 리턴 스트레이치에게 쓴 편지.

22) 1920년 2월 13일의 일기.

23) 1921년 4월 8일의 일기.

24) 캐서린 맨스필드가 1917년 6월 24일(?)에 쓴 편지. *Katherine Mansfield: Selected Letters, ed. Vincent O'Sullivan*, Oxford: Clarendon Press, 1989, 56쪽.

25) 1920년 8월 25일의 일기. 두 사람의 글의 '으스스한 분신화uncanny doubling'를 다룬 책은 Angela Smith, *Katherine Mansfield and Virginia Woolf: A Public of Two*(Oxford: Oxford Univ. Press, 1999).

26) 1921년 3월 13일의 일기.

27) 1921년 3월 22일의 일기.

28) 1922년 6월 23일의 일기.

29) 1922년 5월 6일에 로저 프라이에게 쓴 편지.

30) 1922년 8월 16일의 일기.

31) 1920년 9월 26일의 일기.

32) 애널 베넷의 《우리의 여자들*Our Women*》에 대한 감상. 1920년 9월 26일의 일기.

33) 1922년 1월 21일에 E.M. 포스터에게 쓴 편지.

34) *Jacob's Room*, 4쪽.

35) 같은 책, 36쪽.

36) 같은 책, 36쪽.

37) 같은 책, 149쪽.

38) 같은 책, 245쪽.

39) 1922년 11월 13일의 일기.

5 두 가지 힘 ———————————————————————

1) 1922년 12월 25일에 제럴드 브레넌에게 쓴 편지.

2) 1922년 10월 29일의 일기.

3) *Mrs. Dalloway*, 4쪽.

4) 1922년 10월 8일의 일기.

5) 1923년 10월 15일의 일기.

6) 같은 일기.

7) 1923년 5월 13일에 제럴드 브레넌에게 쓴 편지.

8) 1925년 2월 15일에 매저리 조드(Marjorie Joad)에게 쓴 편지.

9) 1925년 5월 1일에 그웬 라베랏(Gwen Raverat)에게 쓴 편지.

10) 1924년 4월 27일에 바네사 벨에게 쓴 편지.

11) *Mrs. Dalloway*, 3쪽.

12) 1925년 9월 5일의 일기; 1926년 5월 17일의 일기.

13) 1924년 9월 15일의 일기.

14) 1924년 9월 15일에 비타 색빌웨스트에게 쓴 편지.

15) 1924년 12월 26일에 자크 라베랏에게 쓴 편지.

16) 1925년 1월 24일에 자크 라베랏에게 쓴 편지.

17) 1924년 9월 15일의 일기.

18) *The Common Reader*, 106~133쪽; *Essays IV*, 118~145쪽에 재수록(〈테일러와 이지워스〉, 〈래티티아 필킹턴〉, 〈미시즈 오머로드〉). 울프의 작업들, 그리고 19세기 여성들의 전기를 다루는 후속 학술연구들 덕분에 지금은 이 인물들을 무명 여성들 이라고 하기는 어려워졌다.

19) *To the Lighthouse*, 42쪽.

20) 1923년 1월 7일의 일기.

21) 1923년 1월 16일의 일기.

22) 1924년 5월 5일의 일기.

23) 1924년 1월 21일의 일기.

24) 1923년 10월 15일의 일기.

25) *Mrs. Dalloway*, 165쪽.

26) 1925년 4월 8일에 그웬 라베랏에게 쓴 편지.

6 "이게 바로 그거였어"

1) 자필 노트. Lee, *Virginia Woolf*, 475쪽 인용.

2) 〈과거의 스케치〉, *Moments of Being*, 93쪽.

3) 1928년 11월 28일의 일기.

4) 바네사 벨이 1927년 5월 11일에 보내온 편지.

5) 1927년 2월 21일에 비타 색빌웨스트에게 보낸 편지.

6) 1926년 8월 2일의 일기.

7) 1925년 6월 14일의 일기.

8) *To the Lighthouse*, 170쪽.

9) 같은 글, 165쪽.

10) *Mrs. Dalloway*, 165쪽.

11) *To the Lighthouse*, 170쪽.

12) 1926년 2월 27일의 일기.

13) 1926년 2월 27일의 일기.

14) *To the Lighthouse*, 169쪽.

15) 〈과거의 스케치〉, *Moments of Being*, 85쪽.

7 작가의 휴일

1) 엘리자베스 보웬이 1960년에 써서 《올랜도》의 서문으로 실은 글. *The Mulberry Tree*, ed. Hermione Lee(1986; London; Vintage, 1999), 131~132쪽 재수록.

2) 1927년 3월 14일의 일기.

3) 1927년 9월 20일의 일기.

4) 1928년 3월 18일의 일기.

5) *To the Lighthouse*, 10쪽.

6) 1927년 3월 14일의 일기.

7) 1927년 3월 15일에 비타 색빌웨스트에게 쓴 편지.

8) 1927년 12월 20일의 일기.

9) *Orlando*, 82~91쪽.

10) 1925년 12월 21일의 일기; 1926년 2월 23일의 일기.

11) 1927년 2월 5일에 비타 색빌웨스트에게 쓴 편지.

12) 비타 색빌웨스트가 1926년 8월 17일에 해럴드 니콜슨(Harold Nicolson)에게 쓴 편지. *Vita and Harold: The Letters of Vita Saekvill-west and Harold Nicolson*, ed. Nigel Nicolson(East Rutherford, NJ: Putnam, 1992), 159쪽.

13) 1927년 3월 23일에 비타 색빌웨스트에게 쓴 편지.

14) *Orlando*, 114쪽.

15) 비타 색빌웨스트의 가족사 *Pepita*(Lodnon: Hogarth Press, 1937)를 볼 것.

16) 1923년 12월 1일에 제럴드 브레넌에게 쓴 편지.

17) *A Room of One's Own*, 104쪽.

18) 1927년 9월 20일의 일기.

8 목소리들

1) *The Waves*, 234쪽.

2) 바네사 벨이 1927년 5월 3일에 쓴 편지. *Selected Letters of Vanessa Bell*, ed. Regina Marler(London: Bloomsbury, 1993).

3) 1929년 6월 23일의 일기.

4) 1931년 10월 27일에 G.L. 디킨슨에게 쓴 편지.

5) *The Waves*, 176쪽. 1932년 2월 16일의 일기의 한 대목("그래야 나의 자격 요건들을 증명할 수 있으니까")을 볼 것.

6) *Mrs. Dalloway*, 7쪽.

7) 1930년 8월 28일에 에셜 스미스에게 쓴 편지.

8) *Recollections of Virginia Woolf*, ed. Joan Russell Noble(1972; Harmondsworth: Penguin, 1975), 156쪽의 나이젤 니콜슨.

9) 1929년 12월 26일의 일기.

10) 1929년 9월 25일의 일기.

11) 1930년 1월 26일의 일기.

12) 1928년 11월 7일의 일기.

13) 1930년 3월 28일의 일기.

14) 1930년 4월 9일의 일기.

15) 1907년 7월 7일에 바이올렛 디킨슨에게 쓴 편지.

16) 1931년 1월 7일의 일기.

17) 1929년 9월 16일의 일기.

18) 1930년 2월 16일 일기; 1930년 9월 8일의 일기.

19) 1931년 2월 7일의 일기.

20) 1930년 2월 21일의 일기.

21) 1930년 2월 27일에 에셜 스미스에게 쓴 편지.

22) 1930년 2월 21일의 일기.

23) 1932년 6월 18일에 에설 스미스에게 쓴 편지.

24) 1931년 8월 4일에 비타 색빌웨스트에게 쓴 편지.

25) 1930년 8월 20일의 일기.

26) 1930년 11월 6일에 비타 색빌웨스트에게 쓴 편지.

27) 1930년 8월 15일에 에설 스미스에게 쓴 편지.

28) 〈토머스 하디의 소설들〉, *The Common Reader II*, 245~257(246); *Essays IV*, 561~571쪽 재수록.

29) 같은 글, 250.

30) 1931년 12월 29일에 에설 스미스에게 쓴 편지.

31) 1930년 7월 16일에 휴 월폴(Hugh Walpole)에게 쓴 편지.

32) 1930년 8월 2일에 에설 스미스에게 쓴 편지.

33) 1933년 10월 28일에 《뉴스테이츠먼》 편집장에게 쓴 편지.

9 예술로 말하기

1) 1933년 4월 25일의 일기.

2) 같은 일기.

3) 1935년 9월 13일의 일기. "완전히 새로운 분위기의 핵심을 집어내야 하는 한 챕터나 한 섹션의 도입부를 쓰는 일은 매번 어렵다."

4) 1933년 5월 31일의 일기. 이 '소설-에세이'의 원고가 출간됨으로써 울프의 1930년대 작업의 한 국면을 일별할 수 있게 되었다. *The Pargiters*, ed. Mitchell A. Leaska(New York, NY: New York Public Library, 1977)를 볼 것.

5) 1933년 4월 25일의 일기. 에세이 〈투르게네프의 소설들(1933)〉을 볼 것, Essays VI, 8-17쪽 재수록. "사실과 비전을 결합할 줄 안다는 것은 드문 자질인데, 투르게

네프의 경우에 이 자질은 바로 이 이중 기법의 결과다(11)."

6) 1932년 12월 19일의 일기.

7) 1932년 11월 2일의 일기.

8) 방향성이 있으면서 섬세한 논의를 보려면 Maren Linett, 'The Jew in the Bath', *Modern Fiction Studies 48:2*(2002), 341~361쪽. 편견과 몸의 전반에 대해서 보려면 Hermione Lee, 'Virginia Woolf and Offence', *The Art of Literary Biography*, ed. John Batchelor(Oxford: Oxford Univ. Press, 1944).

9) 자세한 내용을 보려면: Alison Light, *Mrs Woolf and the Servants*(London: Fig Tree, 2007).

10) 1934년 9월 2일의 일기.

11) 1934년 9월 12일의 일기.

12) 1934년 9월 11일에 에설 스미스에게 쓴 편지.

13) 1935년 1월 19일의 일기.

14) 1933년 10월 29일의 일기.

15) 1935년 7월 17일의 일기.

16) 1935년 10월 15일의 일기.

17) 1935년 12월 29일의 일기.

18) 1936년 1월 3일의 일기.

19) 1936년 11월 5일의 일기.

20) 1936년 11월 30일의 일기.

21) 1935년 12월 29일의 일기.

22) *The Years*, 389쪽, 401쪽.

23) 같은 책, 351쪽.

24) 같은 책, 413쪽.

25) 1940년 5월 15일의 일기.

26) 1936년 6월 28일에 줄리언 벨에게 쓴 편지.

27) 1937년 10월 12일의 일기.

28) 1937년 10월 22일의 일기.

29) 1937년 10월 12일의 일기.

30) *The Years*, 371쪽.

10 서식스

1) 1938년 9월 13일의 일기.

2) 1938년 9월 14일의 일기.

3) 1938년 8월 29일에 에설 스미스에게 쓴 편지.

4) 1940년 6월 22일의 일기.

5) 1940년 7월 25일의 일기.

6) 1939년 6월 29일의 일기.

7) *Roger Fry*, 150쪽, 161쪽.

8) 같은 책, 104쪽.

9) 같은 책, 202쪽.

10) 1939년 8월 28일의 일기.

11) 1922년 9월 3일의 일기.

12) *Between the Acts*, 107쪽.

13) 1940년 6월 9일의 일기.

14) *Between the Acts*, 107쪽.

15) 같은 책, 114~115쪽.

16) 1940년 7월 12일의 일기.

17) 1940년 8월 16일의 일기.

18) 1940년 10월 20일의 일기.

19) 같은 일기.

20) 1940년 8월 28일의 일기.

21) 1940년 6월 22일의 일기.

22) 〈과거의 스케치〉, *Moments of Being*, 108쪽.

23) 같은 글, 116쪽.

24) 같은 글, 146~147쪽.

25) 같은 글, 159쪽.

26) 같은 글, 154쪽.

27) *Between the Acts*, 189쪽.

28) 1938년 10월 14일의 일기.

29) 이 작업의 메모들과 초고들이 방대한 주석과 함께 출간되었다. "'Anon" and
"The Reader": *Virginia Woolf's Last Essays*, ed. Brenda Silver, *Twentieth Century
Literature*, 25(1979), 356~441쪽, *Essays VI*, 580~607쪽 재수록.

30) 1940년 12월 24일의 일기.

31) '에고티즘'(허마이오니 리에 따르면 '울프의 핵심어 중 하나')에 대해서 보려면
Virginia Woolf, 5~7쪽, 17~18쪽, 72쪽; 익명성('에고티즘'의 반의어)에 대해서 보
려면 745~767쪽.

32) 〈과거의 스케치〉, *Moments of Being*, 149쪽.

33) 1941년 2월 1일에 에설 스미스에게 쓴 편지.

34) 1941년 1월 26일의 일기.

35) [1941년 3월 28일]에 레너드 울프에게 쓴 편지.

36) [1941년 3월 23일(?)]에 바네사 벨에게 쓴 편지.

37) 이 편지들을 엮은 책은 *Afterwards: Letters on the Death of Virginia Woolf*, ed.
Sybil Oldfield(Edinburgh: Edinburgh Univ. Press, 2005). 이 편지들 중 다수
는 버지니아 울프에게 바치는 웅변적이고 감동적인 찬사들이다.

38) *The Waves*, 44; *Mrs. Dalloway*, 103쪽(그리고 20쪽, 50쪽, 57쪽).

후기

1) 1941년 3월 28일에 레너드 울프에게 쓴 편지.

2) Virginia Woolf and Lytton Strachey, *Letters*, ed. James Strachey and Leonard Woolf(London: Chatto&Windus, 1956); *The Letters of Vita Sackville-West to Virginia Woolf*, ed. Louise DeSalvo and Mitchell A. Leaska(London: Hutchinson, 1984).

3) *Calyle's House and Other Sketches*, ed. David Bradshaw(London: Hesperus, 2003). 1909년 일기가 포함되어 있다. 버지니아 울프가 제1차 세계대전 이전에도 일기를 쓰고 있었다는 뜻인 만큼, 더 많은 자료가 발굴될 가능성이 높다.

4) Quentin Bell, *Virginia Woolf*(London: Hogarth Press, 1972), 186.

5) Jane Marcus, *Virginia Woolf and the Languages of Patriarchy*(Bloomington, IN: Indiana Univ. Press, 1987).

6) Louise Desalvo, *Virginia Woolf: The Impact of Childhood Sexual Abuse on Her Life and Work*.

7) Lyndall Gordon, *Virginia Woolf: A Writer's Life*(Oxford: Oxford Univ. Pres, 1984).

8) 울프의 사후생을 둘러싼 이야기를 들려주는 책은 Regina Marler, *Bloomsbury Pie*(London: Virago, 1998).

9) 베레스포드의 사진들이 암시하는 아이코노그래프에 대해 보려면 Lee, *Virginia Woolf*, 246; Brenda Silver, *Virginia Woolf: Icon*(Chicago, IL.: Chicago Univ. Press, 1999), 130쪽.

10) *Recollections of Virginia Woolf*, 237쪽.

11) 같은 책, 62쪽.

12) Hermione Lee, *Virginia Woolf*(London: Chatto & Waldus, 2006).

13) Hermione Lee, 'Virginia Woolf's Nose'를 볼 것, *Body Parts: Essays on Life*

Writing (London: Chatto&Waldus, 2005), 28~44쪽.

14) 〈Waves〉, Katie Mitchell의 연출, 초연은 2006년 11월 18일, 런던국립극장.

15) 〈전기 예술(1939)〉, *Essays VI*, 186쪽.

16) Light, *Virginia Woolf and the Servants*; Victoria Glendinning, *Leonard Woolf*(London: Simon & Schuster, 2006).

17) Olivia Laing, *To the River: A Journey beneath the Surface*(Edinburgh; Canongate, 2011).

18) 1931년 9월 22일의 일기.

참고문헌

1. 버지니아 울프의 작품 ─────────────────────────

이 책에서 참조한 작품들을 출판된 순서로 실었다. 거의 모든 작품의 초고가 출간되어 있는 덕에 울프의 집필 과정과 수정 과정에 대단히 풍부한 통찰을 얻을 수 있다.

- *The Voyage Out*(1915), ed. Lorna Sage, Oxford: Oxford Univ. Press, 2001.
- *Night and Day*(1919), ed. Suzanne Raitt, Oxford: Oxford Univ. Press, 1992.
- *Jacob's Room*(1922), ed. Kate Flint, Oxford: Oxford Univ. Press, 2005.
- *The Common Reader*(1925), London: Vintage, 2003.
- *Mrs. Dalloway*(1925), ed. David Branshaw, Oxford: Oxford Univ. Press, 2008.
- *To the Lighthouse*(1928), ed. David Branshaw, Oxford: Oxford Univ. Press, 2006.
- *Orlando: A Biography*(1928), ed. Rachel Bowlby, Oxford: Oxford Univ. Press, 1992.
- *A Room of One's Own*(1928) 그리고 *Three Guineas*(1938), ed. Morag Shiach, Oxford: Oxford Univ. Press, 1998.

- *The Waves*(1931), ed. Gillian Beer, Oxford: Oxford Univ. Press, 1992.

- *The Common Reader II*(1932). London: Vintage, 2003.

- *Flush*(1933), ed. Kate Flint, Oxford: Oxford Univ. Press, 1998.

- *The Years*(1937), ed. Hermione Lee, Oxford: Oxford Univ. Press, 1992.

- *Roger Fry: A Biography*(1940), London: Vintage, 2003.

- *Between the Acts*(1941), ed. Frank Kermode, Oxford: Oxford Univ. Press, 1992.

- *The Letters of Virginia Woolf,* ed. Nigel Nicolson, 편집보조 Joanne Trautmann Banks. 6 vols. London: Hogarth press, 1975~1980.

- *Moments of Being*, ed. Jeanne Schulkind. 1976. 개정판 편집 Hermione Lee. London: Pimlico, 2002.

- "Anon"과 "The Reader", Virginia Woolf's Last Essays', ed. Brenda Silver, *Twentieth Century Literature*, 25(1979), 356~441.

- The Diary of Virginia Woolf, ed. Anne Olivier Bell, 편집보조 Andrew McNeillie. 5 vols (1977-84). Harmondsworth: Penguin, 1979-85.

- *The Essays of Virginia Woolf,* Vols 1-3 ed. Andrew McNeillie, Vols 4-6 ed. Stuart N. Clarke. London: Hogarth Press, 1986-2011.

- *A Passionate Apprentice: The Early Journals of Virginia Woolf,* ed. Mitchell A. Leaska, London: Hogarth Press, 1990.

- *The Mark on the Wall and Other Short Fiction*, ed. David Bradshaw, Oxford: Oxford Univ. Press, 2001.

- Vanessa&Thoby Stephen과 공저, *The Hyde Park News*, ed. Gill Lowe. London: Hesperus Press, 2005.

2. 전기

표준 전기는 허마이오니 리의 《버지니아 울프 *Virginia Woolf*》(London: Chatto&Windus, 1996)다. 퀜틴 벨Quentin Bell이 쓴 《이모의 전기》(London: Hogarth Press, 1972), 그리고 린달 고든의 《버지니아 울프: 작가의 삶 *Virginia Woolf: A Writer's Life*》(Oxford: Oxford Univ. Press, 1984)은 여전히 유용한 자료다. 존 메팜John Mepham의 《버지니아 울프 *Virginia Woolf*》(London: Macmillan, 1991)는 울프의 작품을 전기적 맥락에 비추어 분명하고 유용하게 설명해주는 책이다. 울프의 친구들 중에서 다수가 작가들이었던 만큼 울프의 인간적 면모를 직접 들려주는 글도 많다. 그런 글을 모아 엮은 《버지니아 울프 모음집 *Recollections of Virginia Woolf*》(ed. John Russell Noble, 1972; Harmondsworth: Penguin, 1975)은 여전히 울프를 직접 만나는 듯한 전율을 안겨준다.

3. 울프의 가족이나 친구가 저자이거나 주제인 책들

• 《레슬리 스티븐 경의 마우솔레움 책 *Sir Leslie Stephen's Mausoleum Book*》(Oxford: Clarendon Press, 1977)은 빅토리아 시대의 추모 관습을 엿보게 해주는 놀라운 자료이자 1895년 이후 하이드 파크 게이트의 분위기에 대한 모종의 통찰을 제공해주는 책이다.

• 레너드 울프의 자서전(5 vols; London: Hogarth Press, 1960-9)은 울프 부부의 일상과 지향을 이해하고 호가스출판사의 방침을 이해하는 데 필요한 자료 중 하나다.

• 로저 프라이의 예술관은 울프에게 큰 영향을 미쳤다. 그의 에세이 컬렉션 《시각과 디자인 Visions and Design》(1920; Mineola, NY: Dover, 1981)을 읽고 나서 울프의 소설을 다시 읽는다면 그동안 놓치고 있었던 형식미를 감지할 수 있을지도

모른다.

- 울프의 친구들에 대한 전기 중에서는 마이클 홀로이드Michael Holroyd가 쓴 리턴 스트레이치의 전기와 스팰딩Spalding이 쓴 로저 프라이와 바네사 벨과 던컨 그랜트의 전기가 특히 볼 만하다. 비타 색빌웨스트의 전기를 쓴 빅토리아 글렌다이닝Victoria Glendinning은 최근에 레너드 울프의 전기도 썼다.

4. 울프의 작품을 다루는 연구서 ──────────────

울프의 작품을 다루는 수백 권의 책들 중에 출발하기에 좋은 열 권의 책을 소개한다.

- Rachel Bowlby, *Virginia Woolf: Feminist Destination*, Oxford: Blackwell, 1988.
- Gillian Beer, *Virginia Woolf: The Common Ground*, Edinburgh: Edinburgh Univ. Press, 1996.
- Julia Briggs, *Reading Virginia Woolf*, Edinburgh: Edinburgh Univ. Press, 2006.
- Maria Dibattista, *Virginia Woolf's Major Novels,* New Haven: Yale Univ. Press, 1980.
- Jane de Gay, *Virginia Woolf's Novels and the Literary Past,* Edinburgh: Edinburgh Univ. Press, 2006.
- Jane Goldman, *The Cambridge Introduction to Virginia Woolf,* Cambridge: Cambridge Univ. Press, 2006.
- Hermione Lee, *The Novels of Virginia Woolf,* 1977. London: Routledge, 2010.
- Laura Marcus, *Writers and their Work: Virginia Woolf,* Tonbridge: Northcote,

1997, 개정판: 2004.

- Allen Mclaurin, *Virginia Woolf: The Echoes Enslaved,* Cambridge: Cambridge Univ. Press, 1973.
- Susan Sellers, ed. *The Cambridge Companion to Virginia Woolf,* Cambridge: Cambridge Univ. Press, 2000, 개정판: 2010.

5. 영화

- 샐리 포터 감독, 틸다 스윈튼 주연, 〈올랜도〉, 1992.
- 말린 고리스 감독, 바네사 레드그레이브 주연, 〈댈러웨이 부인〉, 1997.
- 스티븐 달드리 감독, 니콜 키드먼 주연, 〈디 아워스〉, 2002.

6. 여행지

- 1936년에 집에서 공연한 코믹 연극에서 퀜틴 벨Quentin Bell은 100년 뒤의 찰스턴이 가구를 구경하는 관광객들로 붐빌 것이라고 말했는데, 정확한 예견이었다. 찰스턴의 건물과 정원은 4월부터 10월까지 개방되는데, 그중 5월에는 연례 문학 페스티벌이 있고 갤러리에서는 비상설 전시가 있다(홈페이지: www.charleson. org.uk).
- 이스트서식스 로드멜의 몽크스 하우스는 내셔널트러스트 소유다. 4월부터 10월까지 일주일에 두 번 오후에 개방된다(홈페이지: www.nationaltrust.or.uk).
- 애시엄 주변에서 채석 작업을 하던 시멘트회사가 1932년에 애시엄을 사들였다. 그 뒤로 한동안 방치되어 있던 애시엄은 결국 1994년에 철거되었다.
- 울프가 런던에서 임대했던 집들은 모두 비공개다. 런던의 하이드 파크 게이트

22번지와 리치먼드의 호가스 하우스는 외관만으로는 거의 그대로다. 타비스톡 스퀘어 52번지는 폭격으로 무너진 뒤 철거되었다.

- '영국 버지니아 울프 학회(www.virginiawoolfsociety.co.uk)'는 정기적으로 학회, 독회, 견학 등의 행사를 주최하고 계간지《Virginia Woolf Bulletin》을 발행하는 단체다. 미국을 비롯한 기타 지역 독자들을 위한 단체로는 '국제 버지니아 울프 학회(www.utoronto.ca/IVWS)'가 있다.

버지니아 울프 연보

1882년 | 1월 25일 런던 하이드 파크 게이트에서 태어남.

1895년 | 어머니 줄리아 스티븐 사망.

1902년 | 바이올렛 디킨슨과 만남.

1904년 | 아버지 레슬리 스티븐 사망.

1911년 | 브룬스윅 스퀘어로 이사. 블룸스버리 회원들(존 케인스, 던컨 그랜트, 에이 드리언 스티븐, 레너드 울프)과 함께 삶.

1912년 | 레너드 울프와 결혼.

1915년 | 첫 소설 《출항》 출간.

1919년 | 《밤과 낮》 출간.

1922년 | 《제이콥의 방》 출간.

1923년 | 타비스톡 스퀘어 52번지로 이사. 호가스출판사 본격적으로 운영.

1925년 | 《보통의 독자》, 《댈러웨이 부인》 출간.

1927년 | 《등대로》 출간.

1928년 | 《자기만의 방》, 《올랜도》 출간.

1931년 | 《파도》 출간. 에설 스미스와 만남.

1934년 | 《세월》 출간.

1938년 | 《3기니》 출간.

1941년 | 《막간》 탈고. 3월 28일 우즈강에서 자살로 생을 마감.

찾아보기

버지니아 울프라는 이름으로
초판 1쇄 인쇄 2019년 10월 21일
초판 1쇄 발행 2019년 10월 25일

지은이 알렉산드라 해리스
옮긴이 김정아
펴낸이 연준혁

출판 1본부 이사 배민수
출판 4분사 분사장 김남철
편집 신민희
디자인 김태수

펴낸곳 (주)위즈덤하우스 미디어그룹 **출판등록** 2000년 5월 23일 제13-1071호
주소 경기도 고양시 일산동구 정발산로 43-20 센트럴프라자 6층
전화 031)936-4000 **팩스** 031)903-3893
전자우편 wisdomhouse1@wisdomhouse.co.kr
홈페이지 www.wisdomhouse.co.kr

값 16,000원
ISBN 979-11-90305-56-3 03990

* 인쇄·제작 및 유통상의 파본 도서는 구입하신 서점에서 바꿔드립니다.
* 이 책의 전부 또는 일부 내용을 재사용하려면
  사전에 저작권자와 (주)위즈덤하우스 미디어그룹의 동의를 받아야 합니다.
* 이 도서의 국립중앙도서관 출판예정도서목록(CIP)은 서지정보유통지원시스템 홈페이지
  (http://seoji.nl.go.kr)와 국가자료종합목록 구축시스템(http://kolis-net.nl.go.kr)에서 이
  용하실 수 있습니다.(CIP제어번호 : CIP2019040771)